生命，
因家庭而大好！

초등 심리 사전

사춘기가 오기 전에 꼭 알아야 할 아이 마음

家有小學生的心理教養辭典

青春期來臨前，看懂孩子內心的32個關鍵字

曺宇觀 조우관——著　楊斯涵——譯

「小時候，我們信任並依靠的父母給的一個溫暖擁抱或一句話，

就能讓膝蓋的傷口止血。」

——貝芙莉．英格爾（Beverly Engel）／心理治療師

序言

當孩子還不能理解自己的感受時，父母如何讀懂他們的心？

父母養育孩子的過程中，也在注視著孩子從「我的孩子」轉變成「孩子自己」。孩子為了成為「自己」，經歷了努力、跌倒、挫折，以及重新站起來繼續奔跑，又不時回頭看等一連串的經驗。於此同時，父母用愛與關心在孩子身後守護，有時則在身邊拉他們一把，與孩子一起走過精彩充實的成長時光。如果想讓孩子從小養成自主性，親子之間的心靈交流就相當重要，因為與父母心靈相通的孩子，內心世界也會更加豐富。

為什麼父母必須理解孩子的內心？

隨著成長，孩子通常會從「依賴的人」發展成「自主的人」，他們會依照外界提供的環境，一步步往成熟階段邁進。為了踏出這一步，幼兒時期就必須經歷徹底且完整的「依賴」，將來才能體驗到真正的獨立和自主，並且不害怕獨處。

對孩子來說，排除絕對依賴的獨立和自主是不完整的。沒經歷過絕對的依賴，長大後就容易出現「假我」*、不安、病態依賴、邊緣型人格、反社會人格、心理創傷，以及與「內在小孩」**失去連結等各種心理上的混亂，甚至產生難以適應社會的狀況。

我在諮商室裡遇過很多個案，因為成長過程沒機會順利向他人表達情感而心理受創。他們一邊流淚一邊向我傾訴心事，是因為不了解自己而難過嗎？還是因為沒辦法向別人表達內心而感到痛苦呢？

當我們對別人訴說心事時，目的是想獲得他人的理解與安慰。那些來到

---

*為了生存而漸漸失去自發性的行動，並創造出一個可被他人認可的部分，將此視作自己。

**存在於內心的兒童人格，來自個人在兒童時期的生活經驗和方式。

諮商室的大人，如果小時候也有這種環境，長大後或許就不需要花錢請我傾聽他們的內心故事了。因此，理解孩子的內心並產生共鳴，是身為父母很重要的任務之一。

學習理解自己與他人情感的小學時期

孩子上小學後，會開始遇見同儕團體，並正式展開社會生活。在與朋友一起合作、分享興趣、培養友情、一同學習的過程中，心靈也會逐漸成長。此時若沒辦法好好理解自己的情感及內心，心理狀態就可能產生偏差。

小學時期的孩子，有時會無法理解朋友的情感及言語，或是一邊看著大人臉色，一邊又毫不掩飾地表達自己的負面情緒。有時一瞬間變得沉默，有時又會突然生氣。有一些孩子就算到了高年級，還是會動不動就哭鬧。

到了青春期，情況就更棘手了。這就是為什麼在孩子關起房門拒絕對話的叛逆期來臨前，就要養成跟父母交流內心情感的習慣。

尤其是新冠肺炎大流行之後，父母更需要了解孩子在想什麼。根據一些小學教師的說法，孩子在疫情那三年期間失去了社會化的機會，跟疫情前的同齡孩子比起來更不成熟，對朋友的態度及言語更容易感到混亂而不知如何應對。

例如有的孩子難以理解朋友說的話代表什麼意思，無法辨別他人是善意或不懷好意。此外，與以前的孩子比起來，疫情後的孩子對行為的認知也較為緩慢，他們不清楚自己的行為是對或錯，以及朋友是否會因為自己的行為而受傷。這些問題跟疫情前比起來變得頻繁，更因為無法理解朋友內心的想法，所以人際煩惱和衝突也多了起來。

隨著後疫情時代的來臨，被迫暫停的日常生活及人際關係逐漸恢復，孩子終於得以重返校園，但對某些孩子來說，卻是衝突跟大混亂的開始。過去三年來，孩子大部分的溝通及人際關係的對象都是家人，一夕之間要與來自不同家庭文化的他人開始相處溝通，對孩子來說是相當困難的。尤其是一上小學就習慣線上聽課的那些孩子，面對面相處的世界對他們來說更加困難，因為他們錯過了在師生與同儕關係中學習社會化的方法及溝通方式。

從現在起，孩子要加緊腳步學習過去不曾學過的溝通技巧——藉由體驗及經驗，學會理解他人的情感，以及從互動中認識自己的想法。如此一來，才知道如何察覺別人的內心，進而成為能夠健康地與他人交流的大人。

本書整理了如何養育出這種孩子的各種心理法則，從心理學的名詞解釋開始，告訴你如何與孩子交心、如何從心理學的角度觀察並理解孩子的內心。借助標籤理論、三角關係、察覺、哀傷、自我表露、重新陳述、心理韌性等心理學用語，去讀取孩子的內心，並且能試著做出適當的回應。從孩子的立場來看，當父母努力想讓孩子的世界變得更豐富時，也會提高他們的社會感受力、思考能力及智力。

父母可以給孩子最大的禮物

心理學有個名詞叫做「客體恆常性」，意思是即使某人物理上不在你身邊，你仍然相信他們是存在的。童年時期經歷過父母溫暖的懷抱、在情緒穩定的環境下成長的孩子，都是閃耀的幸運兒和繼承者。心理及情緒上的照顧，是父母可以給孩子最大的禮物，也是讓孩子在長大成人後能充滿自信的最佳遺產。

此刻一邊閱讀本書、一邊煩惱著如何為孩子提供穩定環境的你，已經是最好的父母及大人了！這表示你會努力幫孩子在這個貧瘠的世界上成為踏實的人，讓他們有能力與他人溝通並建立良好的關係。我也衷心期盼孩子的世界能更加寬廣，從身為父母的你手中傳遞出去。

曺宇觀

contents 目錄

Chapter 6

共感法則──用深度交流累積信任・231

結語

Part 1

青春期來臨前，
必須知道的孩子心理

無精打采、不擅長表達情緒、無法讀懂他人情緒、
堅持己見、反抗爭吵……
小學生的常見心理，你看懂了嗎？

小學生心理

01

無精打采的孩子

經常感到罪惡、不安或自卑，

甚至是害怕被拋棄

「只要你表現得好，我們全家人就會很幸福。」孩子聽到爸爸這麼說之後，留下一句「那只要我消失就好了吧」，就從窗戶縱身一躍。這是過去在新聞中看到的內容，雖然沒辦法具體知道這個家庭發生了什麼事，但想到那位孩子不知聽過多少類似的話、不知有多長的時間被當成問題兒童看待，我就感到很心痛。如果爸爸能將「好好表現」、「希望你能做好」這些話用另一種方式表達，是否能有更好的結果呢？

史丹佛大學教授暨文學評論家勒內・吉拉爾（Rene Girard）表示，人類在解決問題時，最原始的手段就是「代罪羔羊機制」。這是指將問題的責任推給少數人，以此消除社會內部的抱怨或不滿的一種心理手段。好比屠殺猶太人或獵巫行動，就是讓人們把仇恨與敵意轉嫁到特定人士身上，以平息社會的衝突與混亂，進而暫時找回秩序。

這種機制不只發生在社會，也會在家庭上演。家庭裡的代罪羔羊機制，最常作為逃避夫妻衝突的手段，而代罪羔羊通常是子女。問題越多的家庭，越可能存在著代罪羔羊。例如關係不睦的夫妻，如果因為孩子生病而必須維持婚姻、擔任共同照顧者的時候，就經常將家庭問題歸咎到生病的那名孩子身上，以此讓家庭其他成員好過一些。有時更會讓孩子成為照顧父母或手足的「小大人」，這種情況就稱為「功能失調的家庭」。

某些時候，家庭裡的代罪羔羊看起來像英雄，其實這是父母利用孩子的忠誠，藉他們來滿足自己長久以來的期望。在重視集體主義大於個人主義、親子生活密切交集的韓國社會，這種情況發生的頻率相當高。

在父母期待下犧牲的孩子

德國精神科醫生暨家庭治療師赫爾姆・史泰林（Helm Stierlin）表示，家庭中扮演英雄角色的代罪羔羊是以「委任」的狀態被選擇的，即他們被揀選成為代替父母執行任務的人。例如有些父母自己沒考上首爾大學，就希望孩子可以代替自己考進去。而孩子在尚未釐清這是否為自己的願望之前，已經開始在滿足父母的期待，成為家庭中被委任的代罪羔羊。常見的情況是父母會用話語巧妙地隱藏自己的欲望：

「進首爾大學對你來說是好事啊！叫你考上首爾大學又不是為了爸爸媽

媽好。」

想考上名校的欲望如果不是源於孩子自己，僅僅是為了圓父母未竟的夢想，那麼孩子的人生會有多疲憊呢？韓國連續劇《天空之城》、《The Empire：法之帝國》，就描繪了子女為了延續家族榮耀——繼續成為醫生或律師，而努力配合父母欲望、苦苦掙扎的模樣。

實際上在諮商室中，也有不少個案因為無法從代替父母活下去的人生中逃脫出來，最後選擇自殺或自殘等極端行動。還有一種情況是，個案為了維持生計無法放棄既有職業，只好選擇放棄父母。

史泰林認為，受到父母委任行使英雄角色的子女，幾乎很難從使命中逃脫。有趣的是，被選為代罪羔羊的子女通常只有一位，因為滿足父母的夢想只要一位就夠了。而被選擇的子女若是無法完成使命，通常會一輩子背負著罪惡感。不論最後有沒有實現父母的夢想，孩子對於自己沒辦法體驗到的人生總會充滿遺憾。因為就算圓了父母的夢，那終究不是滿足自己欲望的生活。沒有為自己而活的人生，對他們來說彷彿一場空。

愛與照顧需要代價嗎？

成為代罪羔羊的孩子們，共同的特性是「敏感」。他們經常會感受到罪惡感、不安或自卑，甚至是害怕被拋棄，進而過度揣測或觀察父母的狀況。他們與父母維持著被剝削的關係，以換取愛與照顧。我的個案中，就有一名孩子聽到媽媽說了下面這句話，只能乖乖閉上嘴巴：

「這是媽媽的心願啊！這是最後一次了，就再聽媽媽最後一次。」

孩子就在媽媽的一句話之下，痛苦地過著不知道自己想要什麼的人生。父母的心願應該由父母自己去實現，孩子要完成的是他們自己的夢想。「你過得好就是媽媽／爸爸最大的心願」是不對的，父母應該擁有跟孩子無關、完全屬於自己的夢想及願望才對。親子之間要藉由對話分享各自的心願，並且支持對方去完成，這才是最理想的做法。

讀出孩子的內心

別讓孩子成為家庭的代罪羔羊，
不要讓他們成為問題兒童、英雄或小大人。

父母的心願應該由父母自己去實現，
孩子要完成的是他們自己的夢想。
藉由對話分享彼此的願望吧！

小學生心理

02

不擅長
表達情緒的孩子

許多孩子為了保護自己，
選擇的做法就是阻斷情緒

有時看到來諮商室的個案哭泣，我反而會鬆了一口氣。哭泣這個行為代表情緒仍然存在，而個案一旦還有情緒就能講述更多的事情。

不過，在諮商室也很常碰到沒有情緒的青少年或大人，無論我說什麼都沒反應，問他感覺怎麼樣也只回答「不知道」。不明白自己的感覺和情感，當然就不會知道他人的感受，更不用說理解與共鳴了。

「沒有情緒」不是一兩天造成的，可能是在青少年轉變成大人的過程中，情緒被環境壓抑，或是為了生存而無意識地壓抑自己的情感。如果小時候父母經常試圖壓抑孩子的情緒，那麼這些沒什麼機會表達情緒的小孩，長大後就容易變成「沒情緒」的人。被父母要求必須堅強而無法表達辛苦的孩子、暴露在暴力中忙著求生存而無暇感受自我情緒的孩子，都會發生類似情況。這些孩子因為自己或他人的意識，刻意切斷自己的情緒。

學習調節情緒的機會被剝奪

最近有一位剛滿二十歲的個案，因為無法對他人的情緒產生共鳴，父母在忍無可忍的情況下，親自帶他前來諮商。在晤談的過程中，我得知孩子從小因為病痛、和弟弟吵架、頂嘴等種種原因，曾遭受父親無差別的暴力。

有次他被父親毆打後報警，卻換來母親的一頓毒打，因為他向警察檢舉父親家暴。在這樣的環境下，孩子除了阻斷自己痛苦的情緒，別無他法。當他意識到父母對自己來說並非安全的存在，而他無法改變一切的那一刻起，他就選擇將自己的內在與外在世界切割。

許多孩子為了保護自己，選擇的做法就是阻斷情緒。因為如果逐一去感受那些情緒，活下去這件事就太辛苦了。

暴力，是移除情緒最強力的手段，包含身體暴力與情感暴力。後者指的是表現出不在意當事人情緒的氛圍、要當事人忍耐的眼神、刺激羞恥心的話語、把他人情感當笑話的態度，以及追究情感對錯的言行等。除此之外，如果父母本身也是缺乏情緒的人，經常做出不了解或誤會對方的行為，也會讓孩子的情緒遺失。

當我們與他人溝通時，想法、情緒、意見、資訊的提供通常是一來一往的，這當中情緒是最重要、最不可或缺的要素。如果無法跟他人分享情緒，在關係的建立及溝通上就會產生限制。

不過，很多人在沒準備好接受對方情緒的狀況下，就試圖與他人對話。例如父母與高敏感的孩子溝通時，如果沒做好心理準備就會覺得很辛苦。

有時候，父母還會用各種理由來逃避狀況，或是企圖轉換孩子的心情。比如想把孩子訓練得更堅強，是因為自己沒有餘力去照顧傷心的孩子，或者看到孩子受挫自己也會心情不好。但如果沒有先接受孩子的情緒，而是表現出不在意或忽略的態度，這等於是剝奪了孩子學習調節情緒的機會。研究結果也顯示，如果把情緒視為無效的，將會提高各種心理失調的風險，像是人格障礙等等。

懂得接受情緒，才有辦法改善

根據新加坡國立大學教授史蒂芬妮・李（Stephanie Lee）與同仁的研究結果顯示，邊緣型人格障礙患者的父母，大多數有忽視情緒或將情緒無效化的傾向。邊緣型人格障礙最明顯的特徵，就是情緒調節出問題。想順利調節情緒，必須先接受它，並且體驗到沉浸在情緒裡的經驗，才能培養出控制情緒的力量，並找到控制的方法。

邊緣型人格障礙是最棘手的個案類型之一，他們最主要的問題是情緒調節有困難，無法控制衝動時可能會有自殘行為。有時則為了不被拋棄而拚命努力，甚至將極端行為理想化或反過來貶低他人。此外，他們也時常被身分認同障礙、情緒不穩定、長期空虛感所困擾。最令人頭痛的是，有時個案在諮商室的治療好像發揮了效果，卻又會突然出現消極的態度，導致前功盡棄，治療的過程一點也不簡單。

除了邊緣型人格障礙，來到諮商室的個案也多半有著憂鬱症、焦慮症、強迫症等其他心理狀況。到頭來你會發現，小時候被壓抑下來的那些情緒，全在長大後以疾病的樣貌出現，破壞了個案的人際關係，也將他們的人生轉變成負面的結果。

當然，並不是所有無法接受情緒或產生共鳴的人都注定失敗，還是有人成為傑出的社會人士。我想說的是，一旦開始不在乎情緒的發生，或是覺得一切都沒關係的時候，就存在著極大的風險，這也是學者提出的警告，萬萬不容忽視。因此，父母應盡可能傾聽孩子的情緒，並且告訴他們：「所有情緒都是很自然、很正常的。」

有人說情商高的孩子，學業表現通常比較出色。站在「自我效能」*的觀點來看，想讓孩子從學業成績中獲得滿足感，就必須照顧他們的情緒。

而想提高孩子的情緒感受力，父母首先要找回自己遺失的情緒。可以試著跟孩子一同書寫情緒日記，圈出與情緒有關的單字一起探討；接著可以對孩子的情緒表達好奇，詢問他們為何會有這樣的感受。如此一來，不只是孩子，父母自身的情緒調節能力也會跟著提高。

---

*一個人相信自己有能力去組織與執行行動的信念。

讀出孩子的內心

無視孩子情緒的那一刻開始，
孩子產生人格障礙等心理狀況的
可能性將大幅提高。

試著跟孩子一起學習表達情緒，
並經常詢問孩子的感受。

小學生心理

03

無法讀懂他人情緒的孩子

難以察覺自己的行為打擾到別人，
只會對不合己意的情況生悶氣

我剛成為媽媽時，總是想回答孩子的所有問題，就像美國連續劇裡和藹可親的媽媽一樣。但實際情況是，孩子還小的時候，不會管你是否在忙、剛好在刷牙沒辦法回答，還是正在講重要的電話、跟鄰居媽媽聊天中，他們只會自顧自地講自己想講的話。

當孩子漸漸長大，開始聽得懂媽媽的話並知道要等待時，我會對孩子說：「媽媽正在跟人家講話，現在沒辦法聽你說話，所以你要等一下。」當然，即便我這麼說了，孩子還是有忍不住的時候。特別是我家老二，有時還因為我這麼說而鬧脾氣。不過，比起讓孩子覺得媽媽難以捉摸而感到困惑，倒不如讓他們鬧彆扭還比較好。

不論再怎麼慈祥，孩子就是不聽話，這種情況總令父母十分挫折。除了體認到現實與理想的不一致，還會感到親子關係的不平等。

最近來到諮商室的個案，也向我傾訴類似的煩惱。這位媽媽表示，她就算忙著洗碗，也想盡力聽女兒講話，無奈現實中總是做不到。沒辦法好好聽女兒講話讓她很鬱悶，女兒也會因為媽媽不聽自己說話而發脾氣。

她認為自己已經忙壞了，女兒還一直來煩她，偶爾就會大發雷霆。另一方面，孩子則覺得媽媽有時會聽她說話，有時又火冒三丈，她也因此感到困惑不已。但孩子無法察覺到自己的行為打擾了大人，只會對不聽自己說話的媽媽生悶氣。更糟糕的是，因為媽媽態度不一致，使孩子也開始感到不安。

培養察覺別人內心的能力

雖然父母自認隨時準備好傾聽孩子說話，實際上有些情況會讓人措手不及。此時，孩子就必須學會在想說話的時候，去考慮他人的意願與情況，判斷對方是否能夠傾聽。

如果在對方無法傾聽的狀態下說話，這就違背了溝通的本質，因為溝通應該是雙方的互動。最重要的是，孩子得學會替他人著想，並且體悟到：體貼對方，也意味著自己能得到別人的體貼。

更進一步來說，不只要觀察狀況及時機，還要學會察覺他人的內心。因此，身為父母的你如果身心俱疲到無法聽進任何一句話，那麼最好能明確地告訴孩子。孩子必須知道父母會有沒力氣聽自己說話的時候，也要知道有些時刻不應該打擾大人，這樣才能建立健康的關係。

知道如何等待父母的孩子，才會知道如何等待他人，也才懂得明確地區分他人與自己。親子關係建立在這種基礎上，將來孩子進入青春期把房門關上時，父母也能不打擾並且耐心等待。

需要記住的是，平常就要定出規則來定義與孩子的界線，並讓孩子知道這個規則。比如「媽媽在講電話或洗碗時，不要跟媽媽說話，要等媽媽忙完再說」，諸如此類的規則。倘若媽媽在講電話時，偶爾會親切地回答孩子的問題，偶爾卻又不聽孩子說話，這對孩子來說反而沒有安全感且失去信任。

有時即便定了規則，孩子還是很難克制想講話的欲望，畢竟如果忍得住，那就不是孩子了。當他們忍不住而打擾你的時候，就必須明確地對孩子說：「現在沒辦法聽你說話。」

如果孩子教不會，依然不斷越界，那麼就要讓他們知道這種時候你是會生氣的。不生氣的媽媽並不是好媽媽，要讓孩子經歷你的各種模樣，並從中了解你，才是更重要的事。

此外，你可以順勢讓孩子學到：「生氣」和「愛」這兩種情緒，是能夠同時存在的，所以不要因為自己的憤怒而感到罪惡。同時體認到「憤怒」與「愛」的存在，在心理學上稱為「客體統合」。當孩子能夠整合「好媽媽」和「壞媽媽」的模樣，他才能整合自己與其他人的模樣。

請讓孩子實際去感受，只要他稍微忍耐一下，你就會更慎重地傾聽他說話。等你手邊的事忙完、心情較為平靜時，再來問孩子想說些什麼。要讓孩子知道，短暫的拒絕不等於拒絕孩子本身。但是，如果你沒遵守「等一下再聽你講話」這個承諾，那麼孩子以後會覺得錯過這個時刻，媽媽就不會再聽自己說話，反而變得更加無理取鬧了。

請讓孩子記住，成長是為了獲得更好的東西而學會等待的過程。

讀出孩子的內心

孩子必須學會，
自己想說話的時候，要懂得等待大人。

父母在不方便傾聽的狀況結束後，
要重新問問孩子想說什麼。

小學生心理

04

堅持己見的孩子

當孩子想滿足欲望時，
誰都不重要

父母應該都曾因為孩子堅持穿不合適的衣服上學而感到頭痛吧？幼兒園時期還可以妥協，但上小學後就很難答應了，一方面擔心別人以為自己沒顧好孩子，一方面也怕孩子被同學嘲笑。

有一次準備過新年時，學校請孩子們穿韓服上學。雖然校方表示穿一般服飾也可以，但依舊強烈建議當天讓孩子穿上韓服。那一年我同時忙著讀書、諮商、寫論文，根本沒留意到這件事。當時小學一年級的老二常把老師的話當耳邊風，那天他八成也忘了老師的囑咐。

結果在過節的前一天，班上大部分同學都穿了韓服去學校，雖然也有人沒穿，但在孩子眼中，只會看到那些有穿韓服的同學。當老師叫孩子們並肩坐好拍照時，老二頓時因為自己沒穿韓服而感到羞愧。

「媽媽，拍團體照的時候，我真的好想從位子上消失。」

聽完孩子的話，我心裡不斷想著：「孩子當下該有多丟臉啊？」、「為什麼媽媽群組上都沒告知呢？」、「通知單上為什麼沒寫呢？」、「還是哪一次缺席所以沒聽到說明？」這些想法一個接一個冒出，簡直快把我壓垮。更令人頭痛的是，之後孩子堅持穿韓服去上課。

當我在煩惱要不要順從孩子的想法時，我的老師建議我，就照著孩子的意思去做吧！先不用管同學是否會嘲笑他，而且就算被嘲笑了，那也是孩子自己的責任。但是孩子的爸爸與小學六年級的哥哥卻堅決反對我的允許，他們覺得弟弟一定會被其他同學恥笑。

老二本人則表示，就算被取笑也沒關係，因為同學沒那麼關注自己，不會一直盯著看。他就這樣抬頭挺胸，穿著韓服去上學了。結果跟家人的擔心相反，那天他不但沒被同學嘲笑，連其他年級的學長姊看到也只覺得：「他今天可能有事，所以要穿韓服吧！」絲毫沒有人在意。當然也有同學好奇地詢問，為什麼要穿韓服來上課，孩子也只是回答：「穿衣服的人想穿什麼就穿什麼啊！」老師還因此趁機跟同學們說明韓服也是一種服裝。到頭來，只有家人為這件事感到羞恥與擔憂。

其實從一開始，這件事就不需要家人的同意。如果連穿什麼衣服都不能自己決定，那麼孩子還有什麼主體性可以發揮呢？況且經此一事後，我還體認到，原來孩子挫折的心情是可以轉換的。

最重要的是，我對於不在乎別人眼光、沒有顧忌的孩子感到驕傲。往後孩子又穿了一次韓服去上學，那一次甚至還得到了殿下一般的待遇呢！

滿足孩子欲望的經驗

對孩子來說，也許韓服本身就是欲望。當孩子想滿足欲望時，誰都不重要，即便他只是想讓同學看到自己也有韓服。重要的是，順從孩子的意思以後，他不再為了要穿韓服上學而鬧脾氣，因為他已經滿足了自己的欲望。

願望或欲望一旦被滿足，就不會變成潛在的渴求，也不會以固執的樣貌出現。如果那天沒讓孩子穿韓服去上課，他可能到現在還會埋怨不讓他穿韓服去學校的父母和哥哥。更關鍵的是，沒穿韓服去學校的那個新年前夕，從此會被記憶成充滿挫折的一天。

孩子堅持己見時，如果父母為了削弱孩子的任性而比他更頑強的話，就會像莫比烏斯環一樣永無止境。不過，你必須先確認孩子為什麼堅持己見或鬧彆扭。比起猶豫著要讓孩子打消念頭或隨他所意，更重要的是得問問孩子：做了這件事以後，是否能讓他感受變好？以及他是否做好準備，可能會因為自己的決定而招致更大的挫折？

當孩子體認到挫折可以扭轉時，那麼以後不管遇到什麼挫折，他都能套用這一次的經驗。所以，如果孩子遇到了挫折，父母能給予安慰，而不是對他說「看吧，我就知道」，這樣才能讓孩子學會對自己的決定負責。

讀出孩子的內心

當孩子堅持己見時，不是為了想贏過父母，
他只是想讓大人知道自己的欲望及心願。

請讓孩子學習為自己的決定負責，
即使過程中會遇到挫折，
也要勇於讓孩子去體會克服困難的經驗。

小學生心理

05

反抗爭吵的孩子

孩子想與其他人連結的欲望被阻絕時，
他們就會用力抗爭

人類很神奇的地方是，比起輸給不重要的人，更不想輸給重要的人。我一位擔任教師的同學說，她剛結婚的時候，可以輸給世界上的任何人，但就是不想輸給丈夫。是不是因為戀愛時期願意做牛做馬的男人，經常在婚後變一個樣，所以太太不想服輸？或許，結婚就是一個人能夠徹底打敗另一個人的絕佳機會。

親子之間也會產生這種微妙的緊張感，有些孩子的言行彷彿就在測試媽媽：「即使我這樣，你還會愛我嗎？」

壓制孩子抗爭的後果

奧地利精神科醫生、同時也是將阿德勒心理學系統化的魯道夫・德瑞克斯（Rudolf Dreikurs），用「錯誤的目的」來解讀孩子的抗爭行為。當孩子無法確認父母對自己的愛，就會開始感到不安，為了解決這些不安，孩子會把球丟給父母。德瑞克斯提出四種「錯誤的目的」：過度尋求關注、自暴自棄、報復或逃避，以及要求權力。

德瑞克斯認為孩子打擾爸媽、不停地講話、干預大人做事等行為，是因為孩子缺乏歸屬感所導致。其他像是跟爸媽要求權力、報復、做出不當言行或自暴自棄等，也都出於這個原因。換句話說，孩子在環境中若沒有感受到來自重要之人給予的歸屬感或價值感，就會以錯誤的行動來追求錯誤的目的。

德瑞克斯建議，當孩子做出會被指責的行為時，只要父母去理解行為背後的目的及理由，那麼即便不採取賞罰手段，也能導正孩子的行為。所謂的「行為目的」，也可說是一種想與其他人進行社會關係或秩序連結的欲望。因此，萬一孩子想與其他人連結的欲望被阻絕時，他們就會用力抗爭。在家中與學校沒得到認同，或是沒獲取情緒上的支持，也會發生一樣的狀況，甚至還會把父母拉進抗爭中。

當孩子試圖反抗時，如果父母或老師表現出更強烈的否定態度，那麼孩子心中就會開始形成憤怒，覺得自己不被接受，並由此發展出報復行為。如果用更大的力氣去壓制這些抗爭力道，孩子固然會投降放棄，但也不會再對自我成就或社會連結做出任何努力了。

當然，孩子也可能因為其他理由與父母對立，例如是因為其他心理因素而表現出這些行為，那麼父母就該給予情緒上的支持，並且一同解決問題。然而，如果是為了追求錯誤目的，那麼你最好遠離這場抗爭，並盡可能保持沉默或不回應。因為父母對孩子行為表現出的憤怒及不耐煩，對他們來說也是一種關心。

無論如何，孩子都想吸引爸媽的關心及反應。如果你經常對孩子的不當行為做出反應，只會讓這種行為得到強化並且變得更頻繁。假使你也一起捲入這場抗爭，那就像是在對孩子說：「你真的很行，這麼做不只把媽媽拉進你的反抗中，也把媽媽的地位往下拉了。」但如果不跟孩子爭執，全照他們的意思做，又會變成向孩子傳達：「你在家中的權力很大，最後事情都能如你所願。」

想做到不吵架也不投降，唯一方法就是不跟孩子一起追求錯誤目標。不過，你需要用其他方式讓孩子行使他的影響力，比如給孩子對於家庭問題的發言權，或是讓他們用其他方式參與家庭事務。

一旦親子之間的角力增加，孩子報復父母的頻率也會越來越頻繁。當孩子輸了或是因此感到受傷時，他們保護自己的唯一方法，就是用同樣的方式反擊父母。這麼一來，父母的懲罰又會加重，最終形成報復的惡性循環。

融化冰冷內心的溫暖

人們之所以會感到憤怒，很多時候是因為欲望沒被滿足與受挫的心情。當我們對家人大聲怒吼，也可能是出於這個原因，這顯示出彼此心的距離有多麼遙遠。對孩子來說也一樣，不論物理上與父母的距離有多近，若心理上感到疏離，他們就會用盡一切辦法，讓父母知道自己的存在。

家庭，是孩子所屬的第一個、也是最重要的社會。我建議父母可以藉由以下行為，向孩子傳達他們沒有被疏離的證據：

① 不論多忙，如果下定決心要跟孩子對話，請注視孩子的眼睛
② 在與孩子一起的空間裡，讓孩子感到親密（牽手、擁抱、說話等）
③ 準備晚餐時讓孩子一同參與，學習合作
④ 讓孩子主動參與家庭事務，例如發表自己的意見或制定家庭規則等

⑤提出可能讓步的妥協點
⑥比起評判及稱讚，應該表現出帶有關心的鼓勵
⑦有時候可以向孩子認輸，或承認自己也有輸給孩子的可能

如同伊索寓言裡說的，讓行人脫下衣服的不是冷風，而是溫暖的陽光。融化冰冷內心的方式，最終仍然是溫暖的家庭氣氛。如果父母能看出與孩子隔閡的背後，隱藏著孩子對溫暖的渴望，那麼從此刻開始，就展開親密的親子對話吧！

讀出孩子的內心

♥

孩子不當行為的背後經常有著錯誤的目的，
請留心觀察。

♥

以錯誤的方式吸引注意，
或是進行抗爭、報復、逃避及不正確的行為，
都可能是孩子感到被疏離的表現。
請在家中讓孩子感到有歸屬感。

Part 2

打開孩子心房，
必須掌握的心理關鍵字

身為父母，要在孩子還無法正確表達情緒時讀懂他的心，
處理孩子自己也不清楚原因的情緒問題，
才能為青春期的親子溝通打下良好基礎！

Chapter 1

愛的法則

讓孩子在恆常的關愛下長大

- 標籤效應
- 接納
- 護持的環境
- 自我表露
- 投射姿勢
- 心理韌性

Keyword

01

以正面的形容詞呼喊孩子

標籤效應

當人被指定成某種樣貌時，
就會依其指定去行動

在我小的時候，同學之間用綽號稱呼彼此是很常見的事。現在的孩子卻很少這麼做，可能是隨著時代變遷，大家對這方面的敏感度提高了，或是孩子們看待朋友的態度變得跟以前不一樣。

綽號，經常是用一個人的部分特徵去命名的，而那些特徵多數並非正面的。兒時的一位大嬸鄰居，總是用「阿醜」來呼喊女兒，可能是因為女兒每天都流著鼻涕哭哭啼啼的，大嬸才這樣叫她。但也可能就是因為一直被這樣呼喊著，結果女兒真的變成「阿醜」也說不定。

讓人覺得羞恥的綽號不在少數，有以頭部大小取的，也有取笑個子矮小的綽號。說實在地，我至今仍然不懂，用特定身體部位來取別人的綽號到底有什麼意義？

你怎麼稱呼你的孩子？

古老年代，很多長輩經常用卑賤的名字來呼喊至親，這是因為過去的人們相信，把名字叫得難聽，人生反而會順遂。因此，有些父親會喊自己的孩子「臭小子」，有些祖父還會用「兔崽子」、「死小孩」等來稱呼。

人們有時候把名字當成擋掉厄運的替身，也有時候會把自己扭曲的內心轉嫁到他人的名字上。有人相信名字取得好，人生才會一帆風順，即使已經長大成人了，依然深信名字會主宰人生而去改名。

一個人的性格會被命名左右這件事，心理學中也可找到印證，即所謂的「標籤效應」。例如，當祖母叫自己的孫子為「我的小狗狗」時，孫子在奶奶面前就會做出在父母面前不會做的可愛行徑。如此溫柔又慈祥的稱呼，讓孫子在奶奶面前永遠像是小狗般的可愛存在，不管怎麼淘氣都沒關係。

詩人金春洙在一首詩作中這麼寫著：「在我呼喚它的名字之前／它不過／只是一個姿勢／在我叫出它的名字之後／它來到我身邊／成了花朵。」

孩子的名字通常蘊含了父母的期待和願望。爸媽希望孩子過得光明幸福而取下名字，但在現實中卻是以「沒教養」、「缺乏注意力」，或是「毛病很多」、「沒有用處」來稱呼與形容孩子，這不是很矛盾嗎？

如果你希望孩子成為什麼樣的人，就請依照理想的樣子來稱呼他們，幫助他們擁有那些特質。例如用「親切」、「細心又溫柔」來描述孩子，像這類能放在名字前的正面形容詞非常多。

「比馬龍效應」及「標籤理論」也印證了同樣的說法。前者是指對一個人有正面期待時，那個人就會長成被期待的樣子。後者的理論則從反面指出，如果對一個人抱持負面期待、說出負面話語，那麼對方也會漸漸變成負面的樣子。這類理論也被稱作「羅聖索爾效應」、「格蘭效應」、「安慰劑效應」及「反安慰劑效應」。

孩子會照父母口中的樣子長大

我父親曾在我小的時候，向某個人介紹我是個「難伺候的孩子」。我心裡雖然很抗拒，並且質疑著「為什麼要這樣說我」，卻因為已被貼上這個標籤，從那時起，我竟然就開始對任何人更加肆無忌憚地耍脾氣。因為不管我怎麼鬧，反正大家都知道我是個難伺候的孩子，所以不會見怪。這讓我想起，來到諮商室的許多個案都曾說出下面這句話：

「小時候媽媽從沒對我說過一句好聽的話，但我不在場的時候，又常常在別人面前稱讚我。」

個案們總是感到納悶：「為什麼要在別人面前誇獎我？明明在媽媽面前我好像什麼都做不好！但我真的好想聽媽媽對我說句好聽的話。」這些個案就算長大成人了，他們心中仍然被那個長不大的孩子占據著。

有時候父母擔心孩子養成不好的習慣，或是怕孩子過度驕傲，所以經常把孩子的優點隱藏起來，甚至還會加一句：「你還差得遠呢！」

老實說，這樣的話對孩子的成長一點幫助也沒有，不僅無法促使孩子更努力，也不會讓他有所改變。如果想讓孩子成為一個善良、傑出的人，請用正面的形容詞來稱呼他吧！讓每個來到父母身邊的孩子，都能明白他自身的意義與價值。

讀出孩子的內心

孩子會照著父母命名的樣子成長，
你希望孩子長成什麼樣子呢？

如果希望孩子成為一個善良、傑出的人，
請在孩子的名字前加上正面的形容詞！

Keyword

02

用不同的角度來看待孩子

接納

接受對方原本的樣子，不進行干擾的情況

我有時看到孩子像丈夫的那一面，會不由自主地感到氣惱。當另一半討人厭的地方在小孩身上重現時，許多媽媽會把對另一半的情緒轉嫁給孩子。因為如果直接向丈夫發洩可能會引發爭吵，但發洩在孩子身上則什麼事都不會發生——不，應該說在孩子心中會掀起巨大波瀾，只是媽媽不想承認而已。

避免投射或扭曲，如實地接受孩子

面對孩子時，我們通常不會只看孩子本身，這種情況在看待其他人的時候也一樣。

有時我們會把現在遇到的人與過去的人事物重疊，像是面對丈夫時，偶爾也會把對婆婆的情緒轉嫁給他。甚至是面對自己的時候，也會同時看到刻印在身上、來自父母的痕跡。能過濾掉回憶與他人因素，單純去面對一個人本身，這並不是一件簡單的事。

社會心理學家埃里希・佛洛姆（Erich Fromm）曾說過，有創意地看待他人，指的是在沒有投射和扭曲的狀態下，客觀看待他人並回應的能力。這也表示，我們要克服內心的不安及自卑去觀看別人。如果內心是扭曲的，看出去的視線也會是扭曲的，就沒辦法看清對方真正的樣子。

這裡的「看」，不單只是用腦袋、眼睛、鼻子等身體器官去「看」，而是能真正看到對方本身，並且用心給予回應。如此一來，才能用與過往完全不同的觀點去對待他人。

你是否先接納自己？

在孩子身上，我們會看見自己的傷口與過去，以及自己和另一半惹人厭的樣子。你必須克服這些內心掙扎，才能以客觀的角度看待孩子。唯有如此，才能看到過去你未曾見過的一面。

想矯正這些扭曲的視線，必須先與自己變得親近。

你可以思考一下，你的內心有哪些防禦機制在運作？是否無意識地將自己的某些方面深埋在潛意識的最深處？你的父母是否曾用他們想要的方式來控制你？換句話說，你得去覺察你是否用理想的框架套住自己，一旦現實與理想不一致時就感到萬分焦慮。如果答案是肯定的，那麼你必須先完全接納原本的自己，才有辦法用同樣的方式對待孩子。

連結親子關係的美德

人本主義代表心理學家卡爾・羅傑斯（Carl Rogers）強調，諮商師要對個案「無條件的正面關懷」，也是相同道理。「接納事物原本的一切」，能夠很大程度地協助個案自主移除內心的障礙，所以我也一再囑咐同事們要接受個案原本的樣子。

不只是諮商師，這個原則也適用於任何與他人互動的情境，可說是連結人與人之間最重要的美德。羅傑斯曾說過：

「神奇的是，當我接受我原本的樣子時，才是我可以開始改變的時候。」

這句話如果套用在他人身上，也能說成：「當我接受其他人原本的樣子時，對方才能開始有所改變。」這裡的「改變」，既是心理上的重生，也是一次美好的體驗。

想要孩子積極改變，父母要先接受孩子不好的、粗糙的、沒被打磨過的一面。如此一來，孩子才會戰勝心中害怕不被愛的不安，進而發揮自己的創造性。

讀出孩子的內心

♥

在孩子面前，請拋下自身過往的信念、
自卑、不安及他人的樣子。

♥

摘下投射和扭曲的眼鏡，
才能看見孩子真正的模樣。

Keyword

03

只要當個夠好的媽媽

護持的環境

能夠促進療癒及成長的環境

如果你收看有育兒專家評論的家庭實境節目，你會覺得出演的媽媽全都有問題。明明就沒有十全十美或一無是處的媽媽，節目中卻充斥著要媽媽那樣做、這麼做的意見，彷彿世上真的存在著完美媽媽。

因為生氣而對孩子大聲了些，就好像被當成全世界最兇的媽媽。整個社會布滿了針對媽媽的視線及量尺，總是特別嚴苛又尖銳。

所有人都能跟孩子說不，只有媽媽不行；所有人都能開罵，只有媽媽不能。眾人創造出一個完美的形象，並試圖把媽媽放進這個框架中，這跟要媽媽成為神有什麼不一樣？也因為風氣如此，許多媽媽在外人面前只能忍住，回到家後才爆氣。

解放媽媽跟孩子

「沒有問題孩子，只有問題父母」、「問題孩子的背後，都有問題父母」，這些話不知道綑綁了多少父母。在不管怎麼做、做什麼都會被責備的社會風氣中，許多人為了成為更好的媽媽而不停努力。就連此時此刻，你也是希望補足知識、避免阻礙孩子發展，所以認真閱讀這本育兒書，不是嗎？

將媽媽從這些陰謀、規矩及社會加諸的責任中解放出來的，是英國兒科醫師暨精神分析學家唐納德・溫尼考特（Donald Winnicott）。他表示，與其做一個完美的媽媽，不如做一個夠好的媽媽。因為在無法做到完美卻一心想達成完美境界的情況下，你就可能在過度保護及過度放任的極端之間擺盪。

孩子也會為了配合完美媽媽的步伐而氣喘吁吁，甚至跳過某些發展階段，這些事在將來都可能讓孩子埋怨。由此可知，溫尼考特提出「夠好的媽媽」這句話，可說同時讓媽媽和孩子重獲自由。

那麼，怎樣才是「夠好的媽媽」呢？溫尼考特表示，在做自己的同時又能和孩子互動的媽媽，就是夠好的媽媽。此外他也強調，夠好的媽媽會提供孩子「護持的環境」。所謂護持的環境，指的是最小程度的干擾，以及對孩子本身的尊重，同時還能讓孩子獲得療癒及成長的空間。越是追求完美的媽媽，就越難給孩子包容的環境。

想想看，你在成為媽媽之前是什麼樣的人？喜歡什麼樣的人事物？在什麼情況下最容易生氣或感到受傷？有沒有自己沒意識到的兒時創傷？蒐集關於自己的資訊，將它們串連起來，然後深入地思考一下關於自己的個性、氣質、原本的樣貌與轉變，以及自我的本質後，你會發現必須先成為自己，才能成為夠好的媽媽。

沒有壞媽媽，也沒有好媽媽

成為媽媽後，如果對接踵而來的事情感到萬分驚恐，也許是因為你過去從沒做過自己。不曾為自己而活就當了媽媽，理所當然會更加感到不安，而為了解決不安，只好埋頭追求所謂的完美。

事實上，很多人不知道自己到底是什麼樣的人。在我開始研讀心理學之前，我也不知道自己是什麼樣的人，更經常為自己的反覆無常感到煩惱。如果想了解自己，不妨前往心理諮商或進行心理測驗，或者藉由寫日記幫助思考，試著理解自己的內心，也是個好方法。

沒辦法跟自己親近，當然也沒辦法跟孩子親近。人與人的關係唯有在親近、理解後，才能產生舒適的互動及充分的對話。

所謂的不安，是指對他人、對自己或對環境感到模糊時所感受到的情緒。因此，當自己變得明確、可以與他人好好溝通時，對孩子的認知也會變得更清晰。不安感消失後，就再也不會被困在完美媽媽的神話裡。

總是做相同的事當然會覺得厭煩，就像有時會對同事或朋友感到厭倦一樣，孩子也有讓人厭煩的時候。此時，你可以承認自己感到厭倦、可以不耐煩、可以生氣，甚至偶爾可以提高音量說話。在「客體關係理論」*中，孩子之所以能順利成長並具有適應性，關鍵就在於媽媽體認到自己同時擁有「好媽媽」與「壞媽媽」兩種面向，並且能夠順利將兩者整合起來。

每個人都有好的一面與壞的一面，媽媽也一樣。有些時候是好媽媽，有些時候是壞媽媽，請試著把兩個面向的自己整合起來。過程中會有罪惡感，也會有悲傷，但當你回頭看，你會發現其中依舊有快樂和幸福的事。到了這一步，你不只是夠好的媽媽，還是一個更完整的自己了。

*強調早期親子關係的重要性，嬰幼兒與照顧者之間的互動經驗，會影響個人日後對自我、對他人與親密關係的發展。

讀出孩子的內心

比起完美的媽媽，做一個「夠好的媽媽」就行了。
夠好的媽媽能做自己，
也能和孩子產生良好的互動。

親近孩子的內心之前，請先親近自己。
以「我」存在是最優先的。

比起總是呈現好媽媽的樣子，
更重要的是得讓孩子知道，「好媽媽」跟「壞媽媽」
是同時存在的。

Keyword

04

不是為了媽媽，而是為了孩子

自我表露

向對方表達真正的自己

小時候誰沒聽過媽媽的抱怨呢？韓國媽媽心中的埋怨，真是多到數不盡。不過，抓著孩子把抱怨全部傾訴出來的媽媽，又有多少人能真正得到慰藉？

我曾在一個電視節目中看到，一位藝人說起自己從小聽著媽媽抱怨外婆的差別待遇。但節目中的專家給那位藝人的建議卻是：「多聽媽媽說話是好事。」同臺的藝人母親在那一瞬間絲毫顧不得他人眼光，完全展現獲得諒解的釋懷表情，而藝人只能一臉難堪。那位專家要不是對藝人母親產生了同為媽媽的認同感或「反移情」*，就是對此類議題的臨床經驗不足。

如果是我，我會告訴那位藝人的母親：「你小時候從母親那裡得到的、因為差別待遇所受的傷，應該直接把這些埋怨向你母親說，而不是對孩子說。假若母親已經過世而得不到道歉，那可以向丈夫或朋友訴說。再不行，也應該去找諮商專家協助。」

---

*心理師、治療人員等工作者將自身經驗投射到個案身上，使自己產生情緒反應和行為改變。

當然，不斷對自己的母親、丈夫或朋友訴苦，對方很可能會不耐煩或漸行漸遠。也許正是如此，媽媽才會向絕對不會離開自己、最無害的孩子傾訴一切。

即便是動聽的歌，多聽幾次也會膩，何況是一成不變的抱怨，就是孩子也可能對媽媽說的話感到厭煩。孩子還小的時候，沒辦法叫媽媽別再說，有時則是基於對媽媽的責任感而忍著聽下去，甚至會因為自己對媽媽感到厭煩而愧疚，被這些情緒困擾得不知所措。

培養內在力量的媽媽

來到諮商室的個案中，很多人都是作為媽媽的情緒垃圾桶長大的。這些個案對媽媽的埋怨日積月累，為了消化這些情緒而孤軍奮戰。我自己從小也是聽媽媽的抱怨長大，甚至沒時間聽聽自己心中的情緒。尤其是女兒，作為媽媽情緒上的依靠，看似早熟像個小大人，實則失去了成長的機會，還必須肩負守護媽媽的責任。許多個案因為不想再聽媽媽的抱怨，因而想切斷母女關係；有些沒辦法斷絕關係的個案，則在長大成人後，看到媽媽就會不自覺地感到憤怒。

溝通方法中，有一項叫做「自我表露」的技巧，是諮商心理師也會用於晤談的方法。使用自我表露的技巧時，需要先認清幾個事實。首先，自我表露不是為了自己，而是為了對方；其次，目的通常是為了給對方「我也曾這樣，所以此刻的你沒問題」的安心感。如果使用得宜，自我表露可以找到雙方的共通點，也能成為產生共鳴的關鍵。

舉個例子，假如對人際關係受挫的孩子說：「媽媽以前也有過這樣。」孩子可能就會問你，當時是怎麼解決問題的。這樣一來，母子之間藉由共同經驗產生了連繫，就可以一起尋找解決問題的方法，這會是非常寶貴的經驗。

抱怨，要對跟自己有類似位階，甚至是分量比自己大的人說才有用。也就是說，抱怨要對可以解決問題，或是可以提供物理或心理安慰的人訴說，這樣才有實質上的幫助。孩子是比自己更脆弱、更沒有力量的存在。孩子不是父母依靠的對象，父母才應該成為聽孩子抱怨的人。

如果曾經因為母親的抱怨度過了辛苦的童年，那麼我建議你，應該把當時的心情，以及想依靠媽媽卻因為她比自己脆弱而無法如願這件事，好好地向母親訴說，然後接受她的道歉。你可以請求母親，至少從此刻開始做好當時沒盡到本分的媽媽角色。如果現在的你跟當年的媽媽一樣，總是單方面地向孩子抱怨，請將孩子放回他應該身處的位置吧！能夠全心全意依靠媽媽的孩子，未來長大後，才能向需要的人提供自己的肩膀。

讀出孩子的內心

情緒上的依賴，是要對比我更有能力，
或力量與我相仿的人所做的事。

請試著以自我表露來安慰孩子，
並讓他感受到媽媽的認同。

Keyword

05

以「SOFTEN」法則來溝通

投射姿勢

越是心靈相通的人，做出相同姿勢的機率越高

有個心理法則有助於父母讀懂孩子的心意，進而能有更多同理心與孩子溝通，這個方法就是「SOFTEN」法則。不只適用於孩子，也能用在其他人身上。不過，這個方法也可能會引起副作用，所以使用時須多加留意。

我們先來談談，該如何運用「非語言溝通」＊。相較於東方人，西方人的身體語言動作比較大，他們習慣將身體語言當成一種積極的溝通方式。同樣的動作，東方人做起來可能會感到難為情，西方人則更加自然且理直氣壯，這是因為非語言的溝通方式深受文化影響。

運用「柔軟」的溝通

有時，非語言的動作比語言的模稜兩可更加精準。透過表情、語氣、視線，我們可以得知對方是如何看待自己，或對方是否處於緊張狀態等。此外，也能感受到對方的情感，甚至可以察覺到對方的個性是膽小還是威權的。

語言偶爾可以騙過對方，但大多時候身體語言是不會說謊的；語言可以

＊指人在傳達訊息時會使用語言文字以外的媒介，例如臉部表情、肢體或音調等來輔助說明。

用意識控制，身體語言則會在本人不知情的瞬間表現出來。心理學家保羅．艾克曼（Paul Ekman）就曾研究人們說謊時臉部的細微變化，並將各種表情及身體語言分類，發明出一套「臉部動作編碼系統」＊。

隨著非語言溝通的重要性漸漸被世人所知，哈佛大學的SOFTEN法則開始變得出名。這個法則是「Smile」（微笑）、「Open」（開放的姿勢）、「Forward」（身體向前傾）、「Touch」（接觸）、「Eye」（視線的交流）及「Nod」（點頭）的縮寫，也就是利用身體語言及全身肢體來進行溝通。如同英文字面的意思，「Soften」是指變得柔軟、使其柔軟，意思是指用身體語言來進行溝通，可以使溝通方式更加順暢及柔和。

應用到教養現場，用SOFTEN法則笑著與孩子溝通，能讓孩子感到安心與溫暖，這是無庸置疑的。不過，「開放的姿勢」又是指什麼呢？其實不只是孩子，與任何人對話時，如果雙手交叉抱胸、蹺著腳，或是歪斜站著，這就好像在表示「好吧，姑且聽聽看你想說什麼」的態度。也就是說，姿勢會傳達不友善的訊息，間接表現出聽者不想繼續這場對話的意思。這些姿勢不是能引起共鳴的身體動作，因此溝通時首先要把身體纏繞的部分鬆開，對話的界線才會化解。

有個心理學的研究表示，戀人面對面坐著時，身體向前傾的一方，是懷抱更多好感的人；而身體向後傾的一方，則是好感較少的人。對孩子也是同樣的道理，如果媽媽看著孩子的眼睛，並將身體向前傾，就等於在告訴孩子：「媽媽準備好聽你說話了。」

越是心靈相通的人，採取相同姿勢的機率就越高。比如親密的朋友常會做出同樣的動作，這稱為「投射」。如果孩子感受到媽媽經常將身體傾向自己，並且友善地聆聽自己說話，孩子也會以同樣的姿勢對待媽媽。如此一來，當他們與別人對話時，也能降低擔憂，並且不害怕對方拒絕自己。

展現出傾聽及共鳴的姿勢

首先，可以在適當的時機進行肌膚接觸。哈佛大學的一份研究指出，與

＊根據解剖學將人臉肌肉劃分成幾十種運動單元，並將常見的表情編碼。

他人最舒適的肌膚接觸是「握手」。與孩子肌膚接觸的範圍，可以從握手擴展至拍背、擁抱或心理上的接觸。這個方法能讓孩子感受到幼兒時期體驗過的安全感及溫暖。

除此之外，也要視線相交。這表示關係的平等，不是由上而下，而是從與孩子相同的位置去看孩子。再來是點頭，表示「我正在好好聽你說話」、「我理解你的意思」，是一種傾聽及共感的表現。點頭有附和的效果，不只可以滿足對方想被認同的渴望，也有助於達成合作關係。特別是在韓國這種難以直接表達情感的文化下，藉由非語言溝通便能帶來自然的共鳴。

有時候，當我們看到悲傷的人，會不知道如何安慰他們；有時候，言語沒辦法完全傳達我們的感受；有時候，雖然感到憤怒，卻希望有人能夠給予擁抱。這些時候，就慶幸還有肢體語言及身體動作來彌補語言的不足。因此，當我們對待孩子時，也要善加運用非語言溝通才好。

讀出孩子的內心

♥

身體是親密的對話管道，
身體語言是柔軟的溝通方式。

♥

Smile（微笑）、Open（開放的姿勢）、
Forward（身體向前傾）、Touch（接觸）、
Eye（視線的交流）及 Nod（點頭），
靈活運用SOFTEN法則，用全身語言與孩子對話。

Keyword

06

在成就導向的時代，父母可以做的事

心理韌性

面對困難後能重新站起來，並且變得更堅毅的能力能用什麼名詞來形容這個時代呢？現今被稱為「三拋世代」、「N拋世代」*，是一個充滿失落感的時代，卻同時也是韓流熱潮不退的「K文化」時代。一方面，好像沒有比現在更加多采多姿的時代；但另一方面，也沒有一個時代比現在對人們的要求與期望還要高。

可以確定的是，這一切都是成就導向的結果。成就導向固然讓人們完成很多目標，但在追求功成名就的過程中，人們感到精疲力盡，多半在沒有達到成果的情況下就放棄了。在成就導向的社會中，孩子們也被迫取得各式各樣的成就，而失去了體驗不同經歷的機會。

「你做得到」這句話，讓人感到厭倦

成就導向的社會，源自於集體的不安，因此這個時代也能稱作「不安的年代」。越是感到不安的社會，越會出現英雄主義、完美主義等訴求，也會

*韓國在經濟與社會壓力下所產生的新詞語，從拋棄戀愛、結婚、生子的「三拋世代」，到拋棄N種事物的「N拋世代」。

有更多人為了達到完美結果而過度追求名利。在這樣的社會風氣下，每個人除了壓榨自己，也會「加害」子女。

成就至上的年代，時間就是金錢。人們為了產出具體的成就，必須活在加速的時間裡。孩子除了上學，還得趕場到補習班，被忙碌行程追趕的他們沒時間思考關於自己的事，也沒心力反思生活。在這種環境下，孩子經常出現過勞現象，例如小兒憂鬱症、注意力不足及過動症等都是主要的症狀。

所以，當你想對孩子說出鼓勵的話語時，務必留意傳達的方式。在成就導向的社會，我們不經意就會給出「你做得到」這個過度正面的積極訊息。事實上從小開始，每個人都有做不到的事、無法做的事，或是努力了也無法成功的事。這些狀況全被掩蓋，眾人只是不斷地告訴孩子「沒問題的」、「只要努力就能做到」、「正面思考就能成功」等過度正向的訊息。孩子接收到這樣的訊息後，為了證明自己辦得到，便會過度剝削自己。

在這個世界上，再怎麼優秀的人，都有失敗或運氣不好的時候。「什麼都能做到」的過度正向，反而讓人感到絕望，因為當事情做不好時，無法輕易說出「做不到」會令人感到無力。

近來有不少父母主張，要向孩子傳達正面訊息。不過，一味的正向回饋只會讓孩子失去從挫折中復原的韌性，甚至會讓他們的視野變得狹隘。因為過度正向的觀點，其實是在扭曲這個世界及周遭問題的面貌。

提升孩子意志的溝通

平衡且合理的思考是很重要的。在正向思考的同時，也要同時想到負面觀點的存在，就像針線相隨一樣，正向和負面是分不開的。很多時候，不斷要自己正面思考的人，實際上比沒有任何想法的人還要負面。

如果你經常對孩子說「會沒事的」、「要積極一點」、「一切都會變好」這些話，只會讓生活在這個混亂世界的孩子，沒辦法坦然說出真實情況。久而久之，孩子就會長成無法說出內心真正想法的大人，屆時身邊只會充斥著越來越多的陌生人，將令他更加難以開口。

所以，請至少讓孩子在家中表達出負面的想法也不會被責備，在父母面前即使失敗也能盡情感到挫折與絕望吧！在這種環境下長大的孩子，才能擁有重新站起來的力量，即心理學所謂的「心理韌性」。

從現在開始，請試著問問孩子「覺得怎麼樣」而不是「還好嗎」；說「要不要試試看」而不是「你可以做到的」。在孩子因為做不到而感到害怕時，請告訴他：「本來就有做不到的情況，爸媽也有過很多次失敗的經驗，現在不也是過得好好的？」如此一來，孩子才有辦法活出自己的人生。

下一步，你還可以試著問孩子「你想要怎麼做」，幫助孩子自主思考、反思並找到答案。父母就像是走錯路的時候，仍然能夠冷靜帶孩子走回正軌的導航一樣。

讀出孩子的內心

在成就導向的社會，敦促孩子向前奔跑的過程中，
也不要忘了暫停休息。

比起過度正向的回饋，要給孩子觀點平衡的訊息。

比起強調成就的質問，要問孩子「你覺得如何」、
「要不要試試看」等問句。

Chapter

2

安慰法則

修復孩子受傷的自尊心

- 特質
- 哀傷
- 重新陳述
- 接觸
- 直接面對

Keyword

07

如何安慰發展緩慢的孩子

特質

一個人與生俱來的特性及人格

心理學家以許多方式將兒童和青少年的發展階段化。有些學者專注於幼兒發展，有些學者認為成人仍在持續發展，因此又追加中年及老年的發展階段。不過，早期劃分出來的發展年齡層，可能已經不符合現在的實情。更有人主張，這種一刀兩斷的年齡發展劃分，會阻擋某些孩子的潛能，還可能造成傷害。

孩子剛上小學或學期之初，父母通常會與導師商談。我家老二剛進小學時，我第一次用電話跟導師談話，也是在那時候，我聽到老師說孩子的發展有點遲緩。我反問老師，「遲緩」是以什麼樣的基準來判定的？結果老師以這個年紀該有的身體發展指標向我說明，並告訴我孩子虎口的力量不夠，所以無法很快地進行著色。我內心想著：「孩子話說得好、算數也好，難道連身體的發展，甚至是跑步都要夠快才行嗎？」對於老師用「遲緩」來解釋肢體缺乏力氣這部分，我尤其感到不滿。

身體的力氣隨著年紀增長自然會變強壯，所以我並沒有把老師的話放在心上，就掛電話了。現在回頭想，當年老大的導師也曾跟我提及，孩子的繪畫能力只有幼兒的水準。我不禁想著，身為媽媽的我也是只會畫「線條人」，所以就微笑結束這個對話。畢竟，我並不期待孩子要多會畫畫。

如果教師商談或建議的原則是，不管孩子是否有某方面的才能，只要有一部分的能力不足就要加強，那麼任何一個孩子在這個前提下都是不夠好的。有多少孩子能在所有領域都表現突出呢？韓國的孩子之所以比別人辛苦，就在於他們接受的教育不是集中火力在個人強項上，而是必須去彌補不足的項目。

面對不同特質及優點的孩子

就像十隻手指各有長短，每個孩子擅長的部分都不一樣。有的孩子語言能力優秀，有的孩子身體能力傑出；有的孩子善於對他人的情緒做出反應，也有孩子天生就對這方面較為遲鈍；還有些孩子生性就喜歡冒險，有些孩子則是再小的挑戰也會感到害怕。這些生物學上的表現，部分遺傳自父母，造就每個孩子都有不同的特質。

不過，父母總是忍不住對比較弱小或落後的孩子多費心思，可能是出於心疼，所以更加呵護。這麼做其實無法提升孩子的自尊心，孩子做不好的部分也很難改善。理想的做法應該是集中發展他們擅長的項目，才能減輕父母跟孩子的壓力。

再說，孩子非常清楚自己在什麼地方比兄弟姊妹差，或在哪方面落後朋友。如果父母還從旁證實這件事，那就太殘酷了。假如有天孩子突然主動提出自己哪裡做得不夠好，身為父母的我們就要盡量安慰孩子，並且陪孩子一起發現他的長處。

「哥哥的運動神經好，你則是比較有創意。」

「你的個性是小心而且慎重，弟弟是比較具有冒險性。」

我家老大的語言發展非常快，補習班老師都以為他是神童，因為當時才小學一年級的他就懂得用高級詞彙來表達。但是當他開始學習數學後，老師就知道他並不是天才。這麼說來，難道老大就會從語言天才變成不會數學的笨蛋嗎？當然，如果孩子同時擅長國文與數學那是最棒的，可是現實中老大已在語言方面展現天分，所以沒必要把數學強加在他身上來證明他的不足之處。某一天，老大看著數學很好的老二，對我這麼說：

「弟弟很會念書。」

「弟弟是數學好，你則是國文好。」

每個人都有自己擅長的項目與不同的長處，有時候看似缺點的地方也可能是優點。請告訴孩子，做得比較不好、發展比較緩慢的部分，也只是人生的一種面向，並不代表全部。

讀出孩子的內心

與孩子說話的時候，
比起談論孩子發展緩慢或不足的部分，
請集中在孩子發展較好的地方。
如此才能提高孩子的自信，
也能減輕親子之間的壓力。

Keyword

08

如何照顧
經歷「失去」的孩子

哀傷

經歷離別或心理上的失去後，
認知、情緒及行為變化的過程

人生中，我們有時會與最親近的人分手，或因為突發事故、疾病而導致身體功能喪失。你也可能會失去愛惜的東西，或道別過去曾扮演的角色。甚至在過去三年的疫情期間，全體國民都一起經歷了社會機能和社群連結的遺失。

也許人生就是不斷面對這些失去的過程。此刻所擁有的物品、朋友、青春等所有東西，最終都將消失不見。

放手讓孩子充分體會悲傷

孩子也會經歷各種程度的失去。因為轉學跟朋友分開、祖父母逝世、父母離婚而失去爸爸或媽媽的陪伴、寵物過世等，孩子會經歷不同關係的喪失。這種失去的經驗，甚至在每升上一個新的年級就會經歷一次。孩子在日常生活中經歷的失去，也許比大人還多。

關係的喪失，對孩子與大人來說，都可能變成創傷。孩子因為失去而經歷的悲傷或痛苦如果沒有解決，就容易以創傷的症狀出現，對心理及生理機能造成負面影響。像是出現暴怒、不耐煩、無精打采、憂鬱等心理問題，或是頭痛、胃痛等生理現象。

如果沒好好處理此刻的悲傷，還可能演變成「複雜性哀傷」*。複雜性哀傷除了會影響孩子此刻的心理，還可能發展成恐慌症、憂鬱症、失眠、創傷後壓力症候群等成年的精神病理問題。

對於經歷關係喪失的孩子來說，無論程度輕重，若想讓這個失去的經驗轉變為成長的踏板，就必須改變他的認知。認知改變的過程中，會引發孩子進行自我反思，以及與社會支持的互動經驗。這也是一個重建自我和對世界看法的過程，所以需要諮商專家的介入。

與其認為「孩子都是這樣長大的」而忽略孩子的悲傷，請幫助孩子能在安全的諮商環境中盡情表達悲傷及憤怒。從認知的角度去重新建構失去的意義，對孩子來說是很好的一件事。只是很多時候，父母也與孩子一同經歷了失去，可能沒心力再去照顧孩子的悲傷，這時最好尋求專家的幫助。

假如是孩子獨自經歷的失去，那麼請引導孩子與父母分享這個經驗。或許你會擔心說出來是否會加劇孩子的悲傷，但唯有將心裡的傷口攤開來直視，才能做好送走悲傷的準備。

搞不清楚自己的情緒，只會感到更加不安及焦躁；反之，如果可以知道自己目前的狀態起因於伴隨失去而來的悲傷，那麼就能減少孩子對於情感的困惑，也會更加了解自己。

用家人的羈絆將孩子團結起來

處理失去經驗的時候，可以用上各種材料，比如試著一邊看相片或對方曾用過的物品，一邊分享回憶。在這個過程中，不會只有悲傷的情緒，還會同時感受到過去的快樂。

試著問問孩子，跟失去的對象最快樂的經驗是什麼？如果可以再見面，想一起做些什麼事或說些什麼話？藉由這樣的對話，孩子能體認到悲傷的經歷中不是只有悲傷的情緒。也可以讓孩子試著寫信給朋友或寵物，或是寫日

＊一種強烈並長久持續的悲傷狀態，並且很大程度地影響了日常生活。

記、畫對方的畫像等，都是很好的方法。

不管是家人共同經歷的，或孩子自己的經驗，這些事情都要盡可能成為家中可談論的話題。舉例來說，越是不能在家裡提起過世的父親或爺爺，這個失去的經驗就越容易成為家人的長期創傷。

哈佛兒童喪慟研究所的博士菲莉絲・希爾佛曼（Phyllis Silverman），就曾針對七十個家庭共一百二十五名小學生進行研究。結果顯示，連結力越強的家庭越能克服哀慟。所謂「連結力強」的意思，是指家人之間不會漠視彼此的悲傷，並且對於悲傷的情緒有共識。

這當中也包含與已故之人的持續連結，稱為「持續性連結」。指的是雖然生死相隔，卻仍舊懷念逝者，並且會持續與之維持內在連繫。被留下來的人，不會對離別的痛苦視而不見，也不會對悲傷緘默不語。這樣的態度，既是克服悲傷的勇氣，也是家人互助的行為。

讀出孩子的內心

如果孩子經歷了失去，
對失去的哀傷過程是必要的。

可利用相片、物品等，讓孩子盡情談論失去的對象，
並與對方產生內在連結。

Keyword

09

以對話取代敷衍的反應

重新陳述

將孩子說的話，用簡單的語言重講一次的方法溝通，分成「積極溝通」和「消極溝通」兩種。消極溝通，指的是對孩子所說的話只做出「喔，是嗎？」、「嗯」、「好」這些反應，甚至有時候心思根本沒在孩子身上，只是機械式地做出反應。相反地，積極溝通指的是遇到問題時，會引導孩子一起尋找解決方案，並且支持孩子想要解決問題的行動。

積極溝通的要件，不僅止於傾聽孩子說話的內容，還要留意到孩子的情緒。也就是說，不是只關心事情本身，而是要詢問孩子對於事情的感受並幫助他們表達出來，如此才能提高孩子的情商。

如果想理解孩子的情緒，你必須更深入地傾聽，專注於孩子說話的表情、模樣、語氣等等。有了初步的掌握後，最好能將你理解到的情緒告訴孩子本人。

「原來你在那個情況下感到很害怕嗎？」

「如果是媽媽，我會非常生氣，你呢？」

這樣的對話會讓孩子喚醒自己的情感，父母也有機會持續跟孩子對話。如果你能正確反映孩子的情緒，孩子也會更加信任你，因為會感覺到自己被安全地保護著。更重要的是，孩子可以藉由這個過程更加理解自己。

讓孩子自己找出答案的方法

為了讓孩子知道你會認真傾聽他們說話，可以採取「重新陳述」這個方法。重新陳述可以給孩子一個機會，在沒有任何判斷的情況下，重新聽到自己說過的話，既是一面鏡子，也有回音器的作用。這麼做能讓孩子知道，他不是獨自一人面對問題。如果放任孩子獨自面對問題，他們會感到被疏離或孤立，容易產生停滯或放棄的念頭。當孩子被問題壓得喘不過氣時，他們會更加不知所措。

重新陳述不是完全重複孩子說的話，重要的是你必須從孩子說出的話當中找到關鍵，抓出話語中最明確的主旨，以及他們最在意的問題。要做到這個程度，父母只能更用心地傾聽。

假使孩子說了一長串的話，當你要重新陳述時，記得簡化概要。舉例來說，如果孩子廣泛地敘述妨礙自己念書的原因，你在重新陳述時就可以說：「原來是這樣才讓你最近沒辦法念書啊！」、「最近念書很辛苦吧！」

除此之外，重新陳述還有以下幾種語式：

「聽你這麼說，聽起來好像是這樣沒錯！」

「原來你是在說〇〇啊！」

「很好奇是不是□□呢！」

積極溝通除了像這樣在各種嘗試與引導下，讓孩子能順利表達出情緒與困境，還必須與孩子一起尋找解決的方法。如果父母只停留在聆聽的角色，孩子就會像獨自漂流在問題的茫茫大海中，留下未解決的不安。

「那麼，你覺得該怎麼解決這個問題比較好呢？」

父母總會因為想快點解決問題，帶著急切跟煩躁的心情率先提出解決方式，但最好的做法是能給孩子思考問題的機會。就算孩子沒辦法找到切中要點的解決方法，過程中卻可以培養他的責任感和耐心。如果孩子怎樣都想不出方法，或是開始尋求幫助時，你再用輕鬆的心態提出解決方案就行了。不過，前提是你得讓孩子知道，爸爸或媽媽的想法也可能是錯的。

大人在思考解決方式的同時，不妨讓孩子也參與這個過程，比如說可以請他們寫出問題的解決方法：

「我們要不要先把可以做的事情寫下來呢？」

當孩子一件一件寫下來時，他們腦中至少會浮現一個解決方法。書寫的過程中，也能讓孩子認知到這是自己的問題，不是爸爸或媽媽的問題。往後再遇到類似情況，你就可以在一旁以觀察者的角度，守護著孩子就可以了。

讀出孩子的內心

♥

在孩子說話時，比起只是做出反應，
更應該積極地與孩子對話。

♥

積極溝通的方式包括：
傾聽、認同孩子的情緒、做出反應、重新陳述，
以及與孩子一同尋找解決方式。

Keyword

10

治癒孩子心靈的肌膚接觸

接觸

基於情緒的抒發而與對方互動

心理諮商專家重視個案所傳遞的非語言訊息，例如不自覺做出的表情、飄移的眼神、顫抖的身體、不自然的姿勢等等，這些動作傳遞的訊息有時比言語來得多。藉由非語言訊息可以推斷出很多心理問題，也能看出個案的心神集中在什麼地方。

精神分析學家西格蒙德・佛洛伊德（Sigmund Freud）曾遇過一個警戒心非常高的個案。她說自己跟丈夫的婚姻生活幸福美滿，但佛洛伊德發現，個案一邊說話的時候，一邊不斷重複著拿下婚戒再戴上的動作。他從這點推知，個案在不自覺的情況下，和丈夫的關係早已惡化到難以為繼的地步了。

不安的孩子有不同的身體語言

無意識的行動中往往藏有許多線索，為了幫助孩子能有情緒上的自覺，並提供安全的環境，爸媽在和孩子對話時，就必須留意他們傳遞出來的非語言訊息。比方說，孩子講述在學校發生丟臉的事情時，他可能只是輕描淡寫地帶過；或者雖然感到害怕，嘴上卻說著自己一點都不怕。當孩子隱藏內心的感受時，臉頰可能會泛紅、雙手會發抖，這些動作都是孩子身上傳達出來的不安訊息。言語可以用意志操控，但身體的動作多數時候是不受控制的。

不過，這不代表你每次都要揭穿孩子不一致的言行，因為當孩子的謊言被揭穿了，他一樣會感到難為情或是想躲起來。如果沒照顧到孩子這方面的情緒，那對孩子來說同樣是無法安心的環境。

假如你仔細觀察孩子，有時會發現孩子只是怕大人擔心，或害怕發生其他問題，所以才說出跟自己心理感受相反的話，並且不希望被大人知道。當然，你沒辦法每次都正確讀出孩子的心意，這時候請不要感到挫折，可以直接跟孩子說，媽媽或爸爸想知道他心裡在想什麼，能不能說說看。

探詢後如果發現孩子的話語和非語言行動不一致，這時就需要以其他方式接觸孩子。若這種不一致來自孩子怕爸媽擔心，或害怕問題再次發生，那麼就有必要讓孩子知道，爸媽想幫助他，也會盡一切努力保護他。

用最確切的方式表現愛：擁抱

親子溝通時，孩子的非語言訊息很重要；相同地，爸媽的非語言動作對孩子來說也一樣重要。父母平常能對孩子表達最大的非語言訊息，就是「擁抱」。擁抱，是展現「愛」的另一種形式。

當孩子還年幼時，擁抱是父母表現愛的一種方法。此外，在語言成為溝通工具之前，沒有比擁抱更安全的溝通方式。擁抱可以平靜與生俱來的不安感，孩子能透過你的體溫感受到你的愛並確認自己的存在，促進心理成長。

這世上有隨時準備好擁抱孩子的爸媽，但也有些家長沒辦法這麼做。他們可能讓孩子從小就感到不安、痛苦，甚至惹哭孩子。在孩子的成長過程中，爸媽藉由擁抱來傳達對孩子的愛，但對那些難以跟孩子進行身體接觸的爸媽來說，這件事一點也不容易。尤其是從小常被父母拒絕的大人，他們很難主動去擁抱孩子，甚至還會想逃跑。連孩子想要擁抱他們時，也可能會找藉口推開。

如同父母本能上能透過孩子的非語言動作讀出孩子的訊息，同樣地，孩子也能接收到父母身體動作發出的訊號。拒絕舉動所傳遞出來的情緒，比起任何語言都要來得強烈，「拒絕」的態度很可能就這樣傳承下去。有些學者認為，缺乏擁抱的環境，是導致孩子成年後精神狀態不佳的主因之一。

假使你因為自身屬於「不安全型的依附關係」*，導致無法用非語言的方式表達出對孩子的愛，那麼必須從你這裡中斷情感匱乏的循環，才不會將這個情感缺陷傳給孩子。身為父母，尤其是媽媽，你擁有全心全意擁抱孩子的能力，因為孩子曾經就是你身體的一部分，你需要的只是自覺和決心。

被稱為家族治療之母的美國心理學家維琴尼亞・薩提爾（Virginia Satir）在治療家人的傷痛時，最先採用的方式就是「接觸」——超越言語的對話，直接透過身體的接觸來溝通，進而達到治療目的。

根據薩提爾的親身經歷，跟敏感又難溝通的孩子進行身體上的互動玩耍，並且按摩孩子三週後，孩子變得更溫順、更放鬆了。她也建議婚姻出狀況的夫妻，每天幫對方按摩手腳二十分鐘，同時要經常牽手，結果夫妻關係改善許多。這些身體上的接觸超越了思維，帶來的是心靈上的連結。

除此之外，許多心理學家也表示，父母要經常擁抱成年後的孩子。擁抱能喚回孩子的安全感，那是他們出生及幼年時期的安心感。即使你一天只抱孩子一次，一年下來也擁抱孩子三百六十五次了。

＊童年時期的主要照顧者不能即時回應需求，成年後與他人的情感連結缺乏安全感，人際關係也較為疏離。

讀出孩子的內心

請從孩子的非語言訊息中，
察覺出孩子隱藏的心情。

父母能展現最積極、最有愛的非語言表現，
就是「擁抱」。

Keyword

11

給在同儕關係中受傷的孩子

直接面對

去經歷感到害怕或想逃避的狀況

孩子上小學後，感到最辛苦的一件事就是「交朋友」。在此之前，友誼關係主要是在老師的帶領下建立連結。但讀小學後，交朋友這件事就要靠自己的想法與行動去進行了。

交友的過程中，孩子可能會經歷到鼓起勇氣嘗試卻毫無收穫的挫折感。可能昨天玩得很開心的朋友，隔天又回到若有似無的友情關係。當孩子因為這些事而回家哭訴時，家長往往感到不忍心。

看孩子難過的樣子，父母有時會想努力幫孩子交朋友。但其實沒這個必要，因為孩子作為獨立個體，他需要嘗試各種方法學習如何交朋友與維持友誼關係。過程中會經歷失敗，當然也會累積成功的經驗。

如何體察到孩子的疲憊

人類從關係中出生，社會化是成長必經的環節。我們會對他人感興趣，表示將他人視為獨立個體；而將他人視為獨立個體，也代表我們同樣視自己為獨立個體。個體在相互感興趣的過程中，產生了社會性的互動，這就是社會化。對人類來說，所謂的「獨立」並不等於「孤立」，它反而是在相互依賴的關係下發生的。

詩人約翰・多恩（John Donne）的詩句寫著：「沒有人是一座孤島。」就算詩人不曾這麼說，我們本能上也知道這件事，所以才會為了關係而努力。開始進入小型社會的孩子，就算沒人教，也知道快樂的校園生活是需要朋友的。大人在關係中也會因為受傷而難過，更何況是孩子，沒有其他東西比「關係」更容易讓孩子柔軟的心靈受到傷害。

在這個競爭激烈的時代，孩子通常必須和競爭者做朋友，這是多麼困難的一件事。更不用提校園暴力，曾經是朋友的人，有一天也可能變成加害人或被害人。這種事如果發生在自己孩子身上，媽媽可能會整天以淚洗面，或感到無比憤怒、心如刀割。但你得記得，最辛苦的依舊是孩子本人。

有些母親只要看到被霸凌的孩子就嘆氣掉淚，但孩子看到這樣的媽媽，會覺得是自己讓媽媽難過，反而會被罪惡感淹沒。孩子甚至會認為，如果自己難過會讓媽媽更難過，那麼他就可能對媽媽強顏歡笑。

孩子需要可靠、情緒穩定的家長

當一個人表現出悲傷、憂鬱、痛苦的表情時，能量會被過度消耗。只要想起在公司努力附和上司無聊的笑話，回到家後卻一點笑容也沒有的狀態，你就能知道這是一件多累人的事。

前面提到，孩子可能會因為難以面對過度傷心的媽媽，而開始選擇逃避。要避免這種情況，就必須體認到一個事實：旁觀者不應該表現出比當事人還難過的樣子。縱然你確實比孩子更難過，但若是經常在孩子面前展現自己難過的樣子，這麼做會剝奪孩子經歷痛苦情緒的機會。

再說，孩子光是自己的傷就夠難過了，如果又加上媽媽因為自己而難過的罪惡感，孩子心中要承受兩倍的辛苦。所以，媽媽要努力在孩子面前，表現出讓孩子可以盡情悲傷、憤怒、埋怨的可靠存在。至少能展現出堅強，這樣孩子才能在你面前盡情表達內心的感受。如果孩子願意，媽媽甚至可以代替孩子接受霸凌者的道歉，並且不要害怕可能發生的法律糾紛。媽媽的負面情緒，適合在丈夫或自己的母親面前表達。

阿爾弗雷德・阿德勒（Alfred Adler）曾說，如果只能給孩子一個禮物，那麼請給他勇氣。有勇氣的孩子可以學習任何東西。

面對孩子的傷，親子雙方都需要勇氣。而家長面對孩子受傷時所展現的智慧，就是把更大的勇氣送給孩子當禮物。

讀出孩子的內心

孩子上小學後，在學校生活及社會化的過程中，
請讓他自己找出交朋友及維持友誼關係的方法。

當孩子遭遇挫折時，例如受到同學的傷害或排斥，
父母最好不要顯露自己的擔憂之情，
如此一來孩子才能自在地表達自己的情緒。

Chapter 3

勇氣法則

用積極的話語充實孩子的內在

- 固有價值
- 轉換思考
- 循環因果關係
- 察覺
- 自我辯解

Keyword

12

如何面對
總是愛比較的孩子

固有價值

每個人獨有的內在價值

「媽媽，他們家比我們家大好多喔！」有一天孩子放學回家，突然比較起我們家跟朋友家的大小。當朋友家比自己家還大，或朋友比自己更擅長某些事，孩子一定會去比較，因為他們已經有了社會意識。這時候，父母通常會擔心孩子受傷或感到自卑。如果想了解孩子真實的心理狀況，直接問孩子是最快的方式。

「他們家比我們家大，你的感覺是怎樣？」

直接問孩子，就可以知道孩子是羨慕或其實沒有任何想法。如果孩子只是偶爾比較一下，那麼可以輕輕帶過。要是孩子養成了比較的習慣，喜歡藉由比較來確認自己的價值，這時候就需要重視了。

告訴孩子，他獨有的特別

每個人都是帶著自己固有的價值來到這個世上，如果從小接收父母無條件的愛，並且在充分包容的環境下長大，孩子就會認為自己是有價值的。對父母來說，讓孩子在全心呵護的照顧下成長、使他覺得自己有價值，是很重要的一件事。過程中，父母要耐心等待孩子發展出分辨好壞與對錯的能力。如果孩子無法發掘、辨別出自己獨有的價值，就會想要跟別人比較。

經常與他人比較而感到優越或自卑的孩子，長大後就很可能變成對社會賦予的價值與他人評價十分敏感的大人。同時，也容易導致誇大的優越感、病態的自戀或自我貶低，更經常會因此感到憂鬱，在日常生活中承受著很大的壓力。

有些孩子只在自己擅長的技能中找到自我價值。當他因為成果而得到讚揚，或是為了追求結果才行動時，孩子就會誤以為只有在自己發揮作用或有所表現時才能得到認同。久而久之，孩子會變成工具，而不是成為自己。

所以，讓孩子發現自我價值的過程十分重要。父母要不時幫助孩子察覺內心的感受，比如經常詢問孩子最近喜歡看什麼書、玩什麼東西最開心等等，當孩子不知道答案的時候，也要積極幫他一起尋找。

此外，還可以陪孩子一起「種植」成長樹。因為真正的植物可能會枯萎，所以用圖畫來代替。可以先畫一棵樹木，然後在每個樹幹上填寫今天比昨天、今年比去年更成長的部分，或者貼上貼紙。如果有下一個成長目標，也可以在樹根上以貼紙標示或著色。經過一段時間後，原本在樹根的貼紙會漸漸往上，改成黏在樹枝，孩子就能意識到自己也跟著逐漸成長，並對未來抱有希望。

當然，擅長種植的父母可以用真正的植物，將成長的過程直接呈現在孩子眼前，這是更好的做法。如果與孩子一起討論、分享他的成長足跡，那麼孩子會感受到來自爸媽的肯定，成就感會加倍。所以，不妨在孩子的成長樹旁也畫上你的樹木，這樣彼此可以分享的事情就更多了。

利用體驗培養積極性

心理學家路易斯・科佐利諾（Louis Cozolino）表示，發生在人類身上的所有變化都會帶來腦部結構的改變。這在心理學中稱為「神經可塑性」，也就是指腦部具有隨著外在變化連結新的神經，並且自動重新建構的能力。

任何人為了改變自己而持續努力時，都會經歷到這種積極的經驗，進而改變內心。孩子也一樣，情緒上的變化會帶來腦部的改變，促使他擁有更耀眼的未來。

孩子不該因為與他人比較而感到自卑，也不該從外部的稱讚中找到自己的存在感。擁有自我滿足及積極思考是很重要的，這樣孩子才能真正地成長、成熟。因此，父母應該將孩子的積極性及潛能放在第一順位。

不過，如果為了培養孩子的積極性，而請孩子時時刻刻都要保持積極，這麼做會形成另一種壓力和責任。積極性是從自由的體驗中孕育，並不是靠著填鴨式的語言與強加的思考養成的。若是靠著「要積極喔！」這類話語和思考就能變得積極正面，那麼這個世界上就不會有消極負面的人了。

比起讓孩子從完成某件大事中感到滿足，請讓孩子知道在小事中也能找到快樂。藉著這種親子對話，孩子能從中感受到安全感跟積極的情緒，也會體認到比起在意他人，更應該將心思集中在自己身上。

讀出孩子的內心

當孩子第一次說出和朋友比較的話語時，
請問問孩子的心情如何。

當孩子跟別人比較時，父母不需要太緊張，
有時可以用輕鬆的態度帶過。

如果孩子習慣性地和他人比較，
為了幫助孩子發展自己的固有價值，
建議父母可以與孩子一起種植成長樹。

Keyword

13

如何引導孩子正面思考

轉換思考

發生事情時，轉換想法和情緒的行為

當一件事情發生時，人們會帶入自己的想法跟情緒，藉此決定看待事情的角度。根據帶入的想法及情緒不同，會衍生出負面或正面的行動，由此可以分成「負面（失敗）思考」和「正面（成功）思考」：

事件⇩想法、情緒⇩負面行動——負面思考迴圈

事件⇩想法、情緒⇩正面行動——正面思考迴圈

當我們開始去思考某件事情時，大腦會產生某種情緒，久而久之演變成一種自動化的思考迴路，難以被控制或調整，例如：

「我是個失敗者。」

「我不可能得到父母的肯定了。」

像上面這種負面想法出現時，經常會伴隨著無力感、意志消沉、憂鬱、焦慮等不愉快的情緒，進而連結到逃避、消極等負面行動。最終，負面想法

不可避免地會導致負面思考迴路。父母該怎麼做，才能協助孩子把負面思考迴圈轉換成正面思考迴圈呢？

守護孩子的自尊

如果你強制地將孩子的負面思考轉換為正面思考，他很可能會出現反抗的行為。想要引導孩子轉換思考，你必須鼓勵、維護他們的自尊與勇氣。因此，對孩子懷著負面期望*、完美主義、過度保護與指出錯誤等行為，都會更加鞏固孩子的負面思考迴圈。

這些行為之中，負面期望及指出錯誤是父母能意識到的作為，而完美主義及過度保護，則多數時候來自父母本身的性格、過往經驗及傷痛，父母需要更仔細地檢視內心，才能察覺到自己的行為。

當父母想讓孩子表現完美時，孩子會因為知道自己做不到而變得更消極。因為比起用正面方式達到完美，藉由負面手段更容易達到一種完美的狀態。例如孩子可能會藉由厭食來擁有完美的身材，或是用負面的方式追求成果，這些都是完美主義可能帶來的副作用。而被父母過度保護的孩子，則是乍看下好像什麼都做得到，實際上他們並沒有真正的自信。

想開啟大腦的正面思考迴圈，首要之務就是個別去理解經歷過的每件事，而不是以連續的概念去看待。換句話說，要認知到前一次和這一次的失敗是沒有關聯的，如此才能避免過度解讀單一事件，導致自我價值動搖。為了讓孩子理解這點，父母必須讓他們學會區分「自我價值」和「成功」的概念是不同的。

「沒考到目標分數，不代表你是失敗的。」

「輸了不代表你就變成失敗者。」

此外，父母也不該因為孩子的不良行為而傷害他們的自尊，因為沒有任何失誤能貶損一個人的價值。

＊因為害怕失望，而對人事物降低期望值或不抱期待。

「犯錯了啊，那麼我們看看從這次的錯誤中學到了什麼？以後可以怎麼避免呢？」

失誤固然令人難受，但有必要讓孩子知道，難過跟害怕的心情只是一時的，這樣才能避免他們因為恐懼與擔憂而綁手綁腳，變成什麼事情都做不了。同時，孩子也能學到轉換思考的正向心態。

就算不是滿分，也請一起分享孩子的成就

在反覆練習與父母鼓勵下長大，並且自尊心健康的孩子，通常能自行控制自己的思考方式。安娜・愛蓮娜・羅斯福（Anna Eleanor Roosevelt）曾說過：「沒有人能使你感到自卑，除非你同意讓他們這麼做。」沒有任何外部力量能把孩子推入負面思考的迴圈裡，讓他們覺得自己像個失敗者。

不久前，我家老二數學考了八十五分，有這樣的成績我已經很開心了，在孩子面前就表現得更高興的樣子。他自己也十分滿意，於是打電話向爺

爺、奶奶炫耀。奶奶同樣為他感到欣喜，但爺爺的一句話卻瞬間讓孩子的心情跌落谷底：

「嗯，再努力一點，下次就可以考一百分了。」

不把重點放在八十五分，而是放在沒有拿到的十五分，這麼做會讓孩子將這件事儲存成失敗的經驗——即使取得的八十五分遠遠高過沒取得的十五分。往後，孩子就會把八十五分這個分數帶入負面思考的迴圈裡。

大人的話語對孩子的影響就是這麼大。所以，父母要在孩子身邊扮演守護的角色，不要將負面思考灌輸進孩子的心中。

讀出孩子的內心

為了不讓孩子開啟負面思考迴圈，
請將每件事個別化並予以重新解釋。

請關注在孩子的成就上，
父母也要開啟正面思考迴圈。

Keyword

14

需要保持沉默的時候

循環因果關係

事件的原因和結果相互連結、
重複發生並且互有關聯

我曾為一個家庭諮商，起因是子女持續試圖自殘，父母已經無能為力了，於是前來諮商。在孩子還小的時候，父母沒心力照顧，孩子不是一個人，就是與擁有暴力傾向的祖父母在一起。等到孩子長大了，父母想彌補過去，但孩子已經不是父母可以掌控的樣子。甚至，父母的言行很大程度地影響了孩子的自殘行為，每當父母想按照自己的想法去掌控孩子時，孩子就會用自殘來拒絕及抗議。

父母的控制及操控⇩孩子試圖自殘⇩事情依照孩子想要的方向發展⇩父母又開始試圖控制及操控

直到孩子出現自殘的舉動，父母才會順從孩子的心意。但是當事情順了孩子的意思後，父母又想再次操控孩子，這種情況就演變成「循環因果關係」。藉由這個例子，我們可以延伸出三個假設。

第一，孩子咬指甲或自殘行為，可能是對家人攻擊行為的另一種呈現。這是「邊界干擾」中的「迴射」*。因為沒辦法直接表現出對父母的不滿，所以反過來咬自己的指甲或傷害自己的身體。

心理健康的人藉由「接觸」與環境互動，面對所需的事物會放下戒心，遇到有害的東西則會保持警覺。一旦邊界受到干擾與混淆，界線太僵化的人會難以從環境中得到成長；相反地，界線太模糊的人，則無法保護自己不受傷害。

一般來說，父母很難確定孩子的言行是否屬於這一類的攻擊性表現，可能連孩子自己都不清楚。不論如何，父母的任務是塑造出一個環境，能讓孩子用言語來表達對父母的不滿和憤怒。

第二，咬指甲或自殘行為在某種程度上是有功能的。當我們感到不安或焦慮時，如果讓身體感到疼痛，那麼神經就會集中在痛點上，而暫時忘卻不安和焦慮。也就是說，自殘雖然是負面行為，卻有它的功能。在這種情況

＊當個體與外界接觸的過程中，無法輕易而自發地滿足自身需求時，就會產生「邊界干擾」，阻礙個體與自我、他人及環境的良好接觸，並妨礙自身的心理機轉。干擾狀態分為多種型態，「迴射」指的是個體將原本要對外界的情緒、想法和行動收回轉向自己的情況。

下，父母應該幫助孩子用正面及安全的方法來抒解不安的情緒，例如做瑜伽、冥想或運動，都是可以嘗試的方法。

最後一個假設是，父母的反應會加強孩子的行為。從我進行家庭諮商的經驗得知，如果孩子不斷地咬指甲，這時候母親通常會若無其事地撥開孩子的手，並對孩子微笑或說話。

孩子的行為明明是不對的，家長卻持續給予關注，或是在孩子傷害自己時才開始聽孩子說話——這些反應對孩子來說都是父母的關心，在心理學上稱作「附帶收穫」。孩子雖然傷害了自己的身體，卻得到了父母的關心及幫助，最終達成自己的目的。

比起「有害的」關心，要給予「有用的」關心

當孩子不斷搗亂哭鬧時，常常會產生附帶收穫。他們會發現，平常對自己不怎麼關心的爸媽，只要自己一哭鬧或是搗蛋，就會生氣、嘮叨、說道理或給予安慰，持續地與自己接觸。對孩子來說，嘮叨也是一種關心，所以

如果讓孩子用不正確的方式得到父母的關心，只是在滿足他們對於接觸的欲望，並不會改善孩子的行為。

即便父母的反應是負面的，也會強化孩子的這種行為。提出依附理論的學者約翰・鮑比（John Bowlby）曾說過，連家庭暴力都可能扮演著親子連結的媒介。

當孩子持續著令人討厭的習慣和不正當的行為時，有時保持沉默也是一種解決方式。當你不做反應，孩子的一些習慣會隨著長大而消失，也才能阻斷強化錯誤行為的連結。然而，若是自殘這類需要治療的行為，就應該尋求專家的協助。

父母引導孩子的過程中，如果發現產生了附帶收穫，請多針對孩子的正面行為給予關注，以此抒解孩子藉由負面行為追求關心的渴望。

當孩子透過不當行為來滿足接觸的渴望，進而達到不正確的目的時，請你回想一下，當孩子還小時，你對他的任何小動作都會給予熱烈鼓勵及關心的情景。就像那時一樣，請以正面的方式跟孩子建立連結與接觸吧！

讀出孩子的內心

有時候比起給予關心，父母最好裝作不知道。

比起針對孩子的負面行為，
請對他們的正面行為給予更多關注。

Keyword

15

不帶操控目的，發自內心的肯定

察覺

去感知自身的欲望及情緒而不迴避

每當新聞出現運動選手從小被教練性侵，或是信徒被神職人員侵犯的報導，最常出現的單字就是「煤氣燈效應」。這個單字在育兒節目、日常生活及社會大眾中也經常被使用。

「煤氣燈效應」一詞，源自一九三八年的英國話劇《煤氣燈》（*Gas Light*）。劇中主角為了奪取妻子的財產，讓妻子相信自己瘋了，需要去看精神科醫師。

煤氣燈效應有著明確的目的，也就是操縱及控制。操控者會讓被害人相信一切，進而無法拒絕或質疑。更極端的情況是，被害人會認為自己是錯的，甚至不相信自己的記憶。

父母的哪些話，會讓孩子感到負擔？

我遇過很多個案，因為父母吵架而度過不安的童年。其中一名個案，從小就經常聽媽媽對自己說：「你是最聰明的。」一開始個案以為媽媽是在肯定自己，所以很認真念書，但卻從沒聽過媽媽的稱讚。久而久之，她不曉得到底要考幾分才會讓媽媽滿意，好像在媽媽眼中，不管考幾分或第幾名都是不夠的，有時甚至因為不達標而遭受媽媽的暴力對待。

某一天她問媽媽，為什麼不叫其他姊妹讀書，唯獨要求她呢？媽媽只是反覆地告訴她，因為她最聰明。直到這一刻，個案才發覺，媽媽誇她聰明並不是在肯定她，而是為了讓她更用功念書的方法。同時她也才驚覺，無論她如何努力，都不會讓媽媽感到滿意的。

另一名個案的情況，則是媽媽經常對他說：「我是為了你才活下去的。」因為爸爸外遇，媽媽能依靠的人只有他。我小時候也常聽母親這麼對我說，但她本人並不知道這些話會讓孩子感到多麼不知所措。

這名個案也曾跟媽媽說：「拜託，不要再為了我跟爸爸住在一起了，離婚吧！」個案本能地知道，媽媽那句「為了你而活」背後的意思，其實是想告訴他：「不要像你爸爸一樣背叛我。」當然，很多父母會為了孩子而忍著不離婚，並不是每個父母都會對孩子說出這麼有負擔的話。

察覺自己是否在操縱孩子心理

「肯定」與「煤氣燈操控」存在著差別。肯定孩子的話語背後，不應該與期待孩子做出什麼成果有所連結。要記住，孩子的動力來自於他自己，目的也是為了他自己。

相反地，煤氣燈操控的重點則在父母的意識跟潛意識裡的欲望。動力源自於父母，目的也是為了父母。

「媽媽／爸爸這麼做都是為了你好。」

不管是子女或父母，都曾信服於「這麼做是為了你好」這句話，父母甚至會在自己設下的「陷阱」中掙扎。人際關係較狹隘、身邊沒有其他交往對象的人，最容易被煤氣燈效應操控，孩子就是其一。因為孩子主要是藉由父母來確認其他人的對錯，如果父母用煤氣燈效應來操控孩子，那麼孩子就失去正確判斷的方法了。

煤氣燈操控有以下五種手法：否定、忽視、反駁、轉換、忘卻，請父母檢視平常的言行，是否符合以下情況，並提醒自己未來要避免。

①否定：不聽取或理解孩子的意見
「你懂什麼」、「反正你照我講的去做就對了」

②忽視：不重視孩子的想法跟情緒
「有時間煩惱這個，你還不如去念書！」、「你不覺得是你太敏感了嗎？」

③反駁：不相信孩子的記憶
「你那時候還太小了，是你記錯了吧？」

④轉換：懷疑孩子的想法
「你怎麼會這樣想啊？真的沒辦法理解！」

⑤忘卻：否定實際上發生過的事
「我什麼時候說過這種話？我從沒說過！」

對父母來說，沒有完美的肯定，也沒有徹底的煤氣燈操控，通常是兩者兼有。有時候在肯定孩子的同時，的確會參雜著父母的欲望。不管是肯定或煤氣燈操控，對於暴露在外部壓力下而束手無策的孩子來說，他們都可能因此感到無力。所以，為人父母要盡最大的努力去保護孩子。

讀出孩子的內心

♥

「肯定」跟「煤氣燈操控」只有一線之隔。

♥

請父母檢視日常言行是否符合

「否定、忽視、反駁、轉換、忘卻」的操控行為，

並在生活中留意說話的習慣。

Keyword

16

不要再說「但是」與「可是」

自我辯解

說服他人接受自己的錯誤

在跟別人吵架時，有時候想結束對話卻沒辦法簡單結束——對方不是挑語病，就是不斷自我辯解。最初吵架的原因早已被拋到九霄雲外，對方又把別的問題牽扯進來，導致爭執持續。還有時候，這是一場雙方固執的微妙競爭，你我都想知道誰能撐到最後，甚至在「一定要贏」的心態下，爭吵就會沒完沒了。

父母跟孩子的爭執，有時會演變成主導權的爭奪。尤其是當父母覺得孩子翅膀硬了，不再害怕自己、不再聽話的時候，最常掛在嘴邊的話語就是「但是」及「可是」。父母使用「但是」這個詞，是想把情況轉換到對自己有利的方向來收尾。孩子說「可是」的時候，則是想要自我辯解或反抗。

「反抗」和「傷口」是一體兩面

過去的父母不知道如何向孩子道歉，只曉得讓孩子聽話是為人父母的權力。隨著時代轉變，民主思維也開始在家庭中生根。不過，有時父母明知道某些情況下應該向孩子道歉，心裡卻又不想讓步、想要扭轉局面，這時候常脫口而出的話語就是「但是」。

「好，媽媽跟你道歉，但是你也有做錯的地方。」

媽媽雖然向孩子道歉，卻仍然將問題歸咎在孩子身上，認為雙方都有錯，希望孩子也能承認自己做錯的地方。

請想像一下，如果今天是跟另一半吵架，對方說了一模一樣的話，在道歉才剛說出口的情況下，就把責任推回來，想必又會重新點燃戰火。本來已經準備好接受對方的道歉，聽到一長串的辯解後，心情反而變得更不好。

「有錯就承認，不行嗎？」

面對另一半，至少還能這樣大聲抗議。但孩子沒有這樣的力量對抗父母，他會因此感到挫折，甚至直接失去戰鬥力。所以，聽到「對不起，但是……」的孩子，也只好用一樣的話來保護自己。這種辯解發生在大人之間的爭執，可能會演變成更嚴重的爭吵，但如果是跟孩子的衝突，通常會不了了之，到最後孩子可能會承認是自己的錯。這麼一來，孩子受委屈的心又有誰來安慰呢？當人們感到委屈、冤枉的時候，生活也會變得不幸起來。

當然，每個人都有不甘心道歉的時候，身為父母有時更為了威嚴和面子而拉不下臉。但如果想要好好地結束對話，當狀況是自己需要道歉時，請暫時收回「但是」，先充分向孩子道歉，之後再提出其他想法，這麼做會比較好。因為好好道歉，才會有下一次的對話。

不論對方是誰，道歉的時候都應該真心誠意，唯有如此才能繼續維持跟對方的關係。一起生活的孩子，如果因為你的一句話而在心裡產生疙瘩，更為此苦惱著要放下還是記仇，這時候是否要好好向孩子道歉才對呢？

孩子需要更真心的道歉

更重要的事實是，父母跟孩子的爭執中沒有真正的贏家。就算爭贏了，比起痛快感，更多的是羞愧、罪惡、後悔等複雜的情緒交織。

還記得小時候，我也曾渴望父母真心的道歉。不過，大家應該都經歷過，明明自己很受傷，直到現在都還歷歷在目的往事，父母卻壓根不記得。

在我的諮商生涯中，常常會遇到小時候沒有得到父母的道歉，長大後依然想要求父母道歉的個案。但是，錯過時機的道歉是非常微弱的。一旦錯過當下，即便往後接受了道歉，也很難解開心結。所以，向孩子道歉的時候要更加真心誠意，因為孩子是最靠近自己卻也是最脆弱的存在。更不用說，他們有時還被迫成為父母的情緒垃圾桶。

此外，道歉的時候，有個務必遵守的規則，那就是在真心道歉後，不要再問：「現在沒事了吧？」、「氣消了嗎？」這種問題只是想減輕自己心理的負擔而已，等於是強迫孩子說出「沒關係」這句話。孩子是否還在意、是否還生氣，抑或是氣消了，完全要讓孩子自己決定。這才是跟孩子在平等位置上進行真正的溝通。

讀出孩子的內心

向孩子道歉時，不要用「但是」來試圖扭轉情況，
也不要演變成雙方都要負責的狀況。

向孩子道歉後，不要馬上問：
「現在沒事了吧？」、「氣消了嗎？」

Chapter 4

真心法則

找出孩子動不動就鬧脾氣的原因

- 故障收音機話術
- 反社會行動
- 心理界線
- 自我分化
- 該隱情結

Keyword

17

當孩子哭鬧吼叫時

故障收音機話術

當對方提出無理的要求時，
像收音機壞了一樣重複相同的話

最有力的自我表現就是大吼大叫，這也是讓對方立刻注意到自己的方法之一。特別是孩子大哭大鬧讓眾人難堪時，父母都想盡快讓孩子停止哭鬧。

有時候看見那些在地上翻滾哭鬧的孩子，連旁觀的人都會感到尷尬。孩子之所以能盡情表現情緒，是因為他深信即使自己這麼做，父母也不會丟下他離去。說不定，這代表孩子在安全的環境中成長。

不過，人類是使用語言表達的社會性動物，孩子理當學會用語言取代行為來表達內心，即使這個過程可能會相當艱辛。

當孩子大聲吼叫時，如果父母對此做出反應，孩子下次就又有這麼做的動機。因此必須切斷這個循環，未來的育兒生活才不會更辛苦。那麼當孩子哭鬧時，應該怎麼辨呢？

為什麼要先觀察孩子的內心？

當孩子像發生了什麼大事一樣，又哭又叫的時候，父母要先確認這是慣常行為還是偶發行為。與此同時，也要了解孩子究竟發生了什麼事，有沒有實質性或精神上的傷害。再來，必須釐清孩子是需要保護所以向爸媽求助，或者只是想讓大人聽自己的要求所以哭鬧。父母在這時候要蒐集的資訊其實相當多。

孩子在不安的時候偶爾會哭鬧；我們小時候看不到媽媽時，也會像國破家亡那樣地哭泣吵鬧。此時，對於還不太擅長使用語言來表達內心的小學低年級生，父母最好的做法就是先抱抱孩子。擁抱能給心臟加壓，對不安或憤怒的情緒會有緩解的效果。

但是，如果孩子到了可以用語言傳達意志的高年級時，就要讓他們學會用話語來表達自己，不能再藉由激烈的行動或吼叫來表示。尤其是已經將這種行為變成慣常模式的孩子，更要讓他清楚知道，唯有他停止哭鬧，爸媽才會開始聽他講話。這時候可以試著使用「故障收音機話術」。

故障收音機話術，是店員在應付客人提出無理的要求時，像收音機壞掉一樣不斷重複相同話語的方法。比方說客人無理要求退貨時，店員藉著重複「已經穿過的商品不能退貨」這句話讓對方感到疲乏。對於大聲吼叫、無法進行對話的孩子，也能使用相同的方法。父母可以假裝沒事，然後不斷重複以下這句話：

「不要大吼大叫，等你冷靜下來，媽媽才會聽你講話。」

當然，一開始親子雙方都會感到十分疲憊，孩子可能會哭得更大聲、叫得更激烈。但是，家長務必跨越這條線，孩子才能學會冷靜說話的方法，也才懂得更有效率地用語言表達自己的主張，進而引起爸媽的關注。當孩子停止吼叫、表達出投降宣言時，也不要忘了給孩子一個擁抱，並且告訴他：

「你能冷靜下來很不容易，媽媽已經準備好聽你說話了。」

讀出孩子的內心

比起關注孩子憤怒哭鬧的行為，
請將注意力集中在孩子為什麼這麼做的原因。

如果哭鬧是孩子的慣常行為，
請裝作不知道，不要給予反應。

請讓孩子知道，只有在停止哭鬧的時候，
爸媽才會聽自己說話。

Keyword

18

該對偷竊的孩子說些什麼

反社會行動

脫離並試圖破壞社會要求的秩序及規範

萬一父母發現自己的孩子偷了東西，會是什麼感覺呢？一開始應該會感到很慌張吧！是我沒把孩子教好嗎？是因為沒買孩子想要的東西給他嗎？在事情變得更嚴重之前，是不是要想辦法改正？如果孩子因為這樣被貼上壞孩子的標籤，該怎麼辦？還是因為家裡窮，孩子才這樣？父母感到一陣混亂，夾雜著怪孩子也怪自己的心情。

隨著時代變遷，大人對孩子偷東西的反應和社會氛圍有所不同。在我小時候，如果孩子在超市偷東西，因為超市店員也是鄰居，多半會睜一隻眼閉一隻眼，或是罵個幾句就過去了。

當時鄰居間的感情跟現在不同，孩子偷東西雖然該罵，但不至於被看成是犯罪或反社會的行為。大家經濟條件一樣不好，對貧窮有更多的同理心。還有一點不同的是，那時的社會對還在學習階段的孩子較為寬容。

現今的社會，即使對象是年紀非常小的孩子，人們對於偷竊行為也不再像以前一樣寬容。先前我家附近有個小學一年級的孩子在超市偷了東西，此事傳遍街坊後，孩子一家人受不了輿論而搬走。

孩子偷東西可能是一時的失誤，但一瞬間就會成為父母的問題。我不禁想著，如果當事人的家庭經濟狀況和社會地位較高，會不會有不一樣的結局呢？這麼一想，就不免讓人有些感慨。

孩子犯罪行為的深層原因

佛洛伊德認為，如果心理健康的兒童出現偷竊、說謊、破壞等行為時，其實是無意識地想將罪惡感賦予意義。這些行為原則上是被禁止的，但孩子透過這些作為可以獲得精神上的安定。孩子很難為自己的罪惡感找到源頭，因此藉由限度之內的犯罪，來緩解內心難以名狀的罪惡感。換句話說，佛洛伊德認為反社會行動是人們無意識的結果，並認為這起因於小時候未得到妥善照顧的後果。

孩子對於被禁止的事物感到焦慮，所以透過無意識的違反行為，換取心理上的舒坦和解放感。人們對佛洛伊德這番主張有不同的意見，但他提到面對行竊的孩子，比起處罰，更有效的做法是透過諮商重建孩子的環境，這個看法在某種程度上獲得認同。

我們要記住的是，孩子仍然處於學習規範的階段，社會性和社交技能會隨著發展越來越純熟。更重要的是，想培養孩子消除罪惡感的能力，必須在適當的環境與良好的親子關係中才能養成。

當孩子犯錯或被指責品行不端時，人們總認為教育孩子道德規範是解決問題的方法。事實上，沒有對症下藥的方案，藉由填鴨式教育得來的社會化，終究是不穩固的。「因為爸爸沒買孩子想要的東西給他」、「因為貧窮」、「單純想要別人的東西」、「缺乏罪惡感」等等，所有事情都能當成行竊的理由。因此，僅僅是消除犯罪動機的方法，並不是根本的解決之道。

當偷竊行為被老師或大人揭穿時，最受驚嚇的應該是孩子本人。犯罪後的孩子，必定懷抱著深深的不安和恐懼。父母理所當然會想知道孩子偷東西的理由，這時候請試著問孩子：「為什麼趁人家不注意的時候拿走東西？」而不是：「為什麼要偷東西？」這兩句話的意思雖然相同，但語感和解決的方式不一樣。

面對後者的問法，結論只能導向「不能偷東西」。如果是前者的問法，那麼父母就可以教導孩子：「你可以跟朋友說，請他借你一下」、「要跟媽媽說，你想要這個東西」等等。重點要放在讓孩子說出自己的欲望和想要的東西。不過也要告訴孩子，父母對他的行為感到失望、憤怒或是恐懼：

「媽媽聽到這件事的時候，嚇了好大一跳。」

「爸爸對你的行為感到很失望。」

「爸爸媽媽覺得是不是對你做錯了什麼，所以感到很難過。」

當孩子聽到爸媽的情緒時，也會感到傷心及沮喪，並且對自己的行為感到自責。孩子要經歷過這些內在情緒，心靈才會變得更健康。所以，對孩子錯誤的行為要明確地指責，如果沒有人責備自己的錯誤，反而會讓孩子感到更加不安。所謂健康的環境，指的是可以說出錯誤的環境。不過請記得，父母應該責備錯誤行為本身，而不是貶低、破壞孩子的自尊。

讀出孩子的內心

當孩子做錯事情時，
請對孩子說出爸媽感受到的失望、
生氣、傷心等情緒。

孩子能在爸媽的情緒面前感到難過與內疚，
就是在對自己的行為負責。

請責備錯誤行為本身，而不是攻擊孩子的自尊。

Keyword

19

如何面對
容易生氣又暴躁的孩子

心理界線

人與人之間，需要保持一定的距離才會感到安心

不論是年紀多小的孩子，都會發脾氣跟不耐煩。偶爾來一次沒關係，但如果太頻繁，或是發生父母也無法控制的局面，父母就會擔心不已。我的諮商室經常有受不了孩子情緒而找上門的父母，有些孩子是從小就有暴力傾向，有些則是進入青春期後變得無法控制自己的情緒。

孩子也需要個人空間

當一個人感到痛苦或情緒狀態變得不穩定時，大腦裡的情緒中樞「杏仁核」就會被啟動。活躍的杏仁核就像一匹脫韁野馬，在這種情況下，明智的做法是立即停止談話，給彼此一些冷靜的時間。特別是平常就有攻擊或暴力傾向的孩子，要給他更寬敞的個人空間。所謂的個人空間，指的不只是物理的空間，也包含心理上的空間。

每個人都有自己的個人空間。人與人之間，在保持一定距離的時候才會感到安心。這種空間是自我的延續，也是個人領域的概念。個人空間會隨著與不同對象的親密度，以及每個人的特性而有所不同。

一般而言，內向者需要的個人空間會比外向者來得大。所以比起面對親密對象，在他人或需要維持形象的人面前，內向者就需要更多的個人空間。

心理學上，適當的個人空間是與人維持九十到一百二十公分的距離。家人之間是五十公分以下，朋友關係是五十到一百二十公分，職場關係則是一百二十到三百公分。當然，如果是感情生疏、連陌生人都不如的家人，需要的空間就可能比職場關係還要大。

在家庭中，一個人所需的最小空間是六坪。也就是說，如果是一家四口，至少需要二十四坪的空間，生活起來才比較不會有壓力。美國心理學家米爾頓・傅利曼（Milton Friedman）表示，當男性處在狹小、擁擠的房間內，會變得更具有攻擊性且較不友善。也就是說，狹窄的空間容易讓人變得更暴力，所以有暴力傾向的人需要更多空間。

研究人員曾針對監獄收容人進行實驗，針對有暴力前科的八名囚犯和沒有暴力前科的八名囚犯所需的個人空間進行比較。結果顯示，有暴力前科的囚犯需要四倍以上的個人空間。這群囚犯在別人進入他們的個人空間時會感到被侵犯，會變得更有攻擊性和暴力傾向。這也表示他們比起其他人，對於空間、距離的意識更加強烈。

把這個實驗結果放在家中來看，又代表著什麼呢？首先，如果孩子之間經常吵架，或是出現攻擊性的行為，那很可能就是孩子在家中的個人空間太小了。手足的感情再怎麼好，一直待在同一個空間內相處，爭執變多也是必然的，尤其對於需要活動空間的小孩子來說更是如此。如果彼此之間的距離已經侵犯到對方的空間，三天兩頭吵架也是預料中的事。

再者，如果孩子經常不耐煩或容易生氣，那就表示家長要確保孩子在家中有個人空間。我們大致上都可以理解，青春期的孩子之所以喜歡把自己關在房間裡，是因為他們需要個人空間。當父母進到這個空間裡，就會被孩子視為侵犯到自己的領域。所以，當孩子不耐煩或發脾氣時，就表示他需要更多的個人空間。

不要侵犯孩子獨有的恢復空間

當孩子還小時，總是喜歡跟父母待在一起，在你的身邊跟前跟後，但這些光景在某一瞬間就會成為過去式。到了青春期，孩子將房門鎖上，有時整天待在房間裡足不出戶。父母理所當然會好奇孩子在做什麼，也想跟孩子相處，因而會問東問西，更不時去敲門或擅自開門。其實父母這麼做，等於是讓孩子失去抒發壓力的機會。

在孩子的壓力爆發前，最好能讓他有獨處的空間及時間。不要覺得每個青春期的孩子都是沒來由地突然暴怒或不耐煩，請試著去理解，這可能是孩子過去都在壓抑和忍耐，只是到這一刻才爆發出來而已。所以，父母要在孩子的情緒爆發前給他充分的個人空間，並尊重他的隱私，也可以囑咐其他手足不要去打擾。

所有動物在入侵者進到自己的安全範圍內時，都會產生警戒。如果不想受傷，最好的做法就是盡快逃離他們的領域。人與人之間的相處也是如此，不論大人或小孩。

當然也有例外的情況，比如孩子可能是酗酒、嗑藥，或有憂鬱的傾向時，他們也會想要一直待在自己的空間裡。如果擔心是這種情況導致身心失調，那麼就需要父母跟專家的介入。

如果做了這些努力，孩子還是一樣神經質或易怒，這時父母要站穩腳步，不要被捲入孩子的情緒風暴中。要讓孩子知道，透過生氣、憤怒並不能得到他想要的東西，父母也不會因此受到他的傷害。父母一方面要傳達「雖然我接受你的憤怒，但我不會對你屈服，也不想處罰你」的訊息，一方面也要試著幫助孩子用其他方式來表達自己。

讀出孩子的內心

孩子也需要只屬於自己的個人空間，
請確保每個孩子都擁有個人空間。

如果孩子經常生氣或是感到不耐煩，
很可能是孩子的個人空間受到侵犯的證據。

對於易怒或具有攻擊性的孩子，
請尊重他們在心理、物理上的個人空間，
以及恢復冷靜的時間。

Keyword

20

當孩子想獨處的時候

自我分化

孩子能在情感上和物理上獨立，
並且能獨處的概念

人類從出生到成長，就是一個培養生存能力的過程——從一看到陌生人就哭的嬰兒，漸漸變得對這個世界充滿好奇心，以及對周遭人事物產生興趣。進入社會生活的第一階段，也就是上托兒所或幼兒園的時候，即使父母不在身邊，孩子也能靠自己的力量做些什麼。

當一個人成為能夠獨立行事的個體，他更可能對婚姻和個人生活感到滿意。獨自生存是人類本能，心理學十分重視這項本能所展現出來的積極面。

在陪伴中讓孩子學習獨立

所謂擁有獨處的能力，是指孩子即使沒看到媽媽，他心中仍然存在著媽媽的形象，所以就算見不到也不會感到恐慌。從另一個層面來說，這表示孩子相信自己處在一個能安心獨處的環境。這樣的環境，建立在父母隨時都對孩子的要求做出回應。父母要在親子相處時就培養孩子的獨立能力，但必須讓他知道，即使是獨自一人，有需要時爸媽都在他身邊。孩子不斷累積這種經驗後，將來就算爸媽不在旁邊，他一個人也能做得很好。

曾經像口香糖一樣黏在爸媽身邊的孩子，在讀了小學後，隨著年級上升會變得越來越喜歡自己待在房間。但是，也有一些孩子即使經歷了托兒所跟幼兒園，上小學後仍然很難跟父母分開或無法獨處。

一些父母以為孩子讀小學後心情會比較放鬆，結果還是呈現備戰狀態，經常需要跑到學校去。當孩子因為跟爸媽分開而感到不安或痛苦，甚至頻頻求救時，身為父母實在很難裝作沒看到。不過，當父母仔細回想後，會發現自己從孩子還小時就替他準備好一切，甚至在孩子尚未開口前。這反映了一件事，那就是孩子和爸媽相處的時候，沒能同時學到獨立的方法。其實，人類即使在同一個空間也需要獨立的時間。最重要的是不要提前滿足需求，而是讓孩子主動知道自己需要什麼，在他提出請求時才給予幫助。

還沒詢問孩子，或在孩子要求之前，爸媽就先幫孩子把事情做好，可能會剝奪孩子本身的欲望。精神分析學家也提醒，徹底滿足孩子的所有欲望，會導致孩子永久性的退化，始終停留在和父母合為一體的狀態，或是相反地會全面拒絕父母的存在。

找尋「真我」的方法

在孩子邁向獨立之路的過程，為了讓孩子在精神和物理上都能獨立，父母必須觀察孩子跟家人的關係是否太過密切。

提出客體關係理論的溫尼考特認為，大部分的人從兒童時期就懂得享受孤獨，他認為解除依賴的關鍵之一就是「真我」。真我，指的是不會為了得到對方的關心及認同，而配合對方改變自己的準則。

家族治療理論的創始人、心理學家莫雷・包文（Murray Bowen）進一步將此稱為「自我分化」。自我分化良好的人，能夠平衡理智及情感，並且擁有控制衝動的自制力，面對他人的批判或評價也能保持穩定。包文將一個人的情緒、感覺、理智統稱為「自我」，而真正的「自我」顯現在作為獨立個體的時候。自我發展良好的人，能為自己而活，並且在不影響他人福祉的情況下提升自己的幸福。

那麼，該如何讓孩子做到自我分化呢？其實從簡單的遊戲中就能做到。比方大家都知道的，在逗小寶寶的時候，用手遮起臉然後再打開的遊戲，就能讓孩子體驗到爸媽不見又重新出現的經驗。遊戲中，要幫助孩子更有自信地探索。

當然，還需要耐心十足。孩子還小的時候，不停抽濕紙巾或到處亂咬東西算小事。等孩子漸漸大了，這些行為可能會演變成把家中所有電器的電池拔掉、關掉電源總開關等。對於這些實驗性行為，父母必須忍耐。

最後，要幫助孩子發展「真我」而不是「假我」，孩子才不會隱藏或包裝真正的自我，並且誠實、正當地表達自己的想法及欲望。為了這個目標，父母比起將自己的想法灌輸給孩子、讓孩子相信那是他的想法，更應該先問孩子想要什麼，然後再確認自己能幫上什麼忙；或是當孩子提出需求或求助時，再給予回應即可。

一旦「真我」受到壓抑，通常會在青春期顯現出來，因為這個時期開始，孩子必須擺脫依賴，社會對獨立自主的要求也會更加嚴格。所以，如果想提高孩子的獨立自主性，父母就必須減少控制及壓迫。即使想知道孩子的一切也務必忍耐，向後退一步扮演觀察者的角色。當然，孩子求助的時候，父母也要樂意給予回應。

讀出孩子的內心

孩子跟爸媽相處的同時，也要學會獨處的方法。

即使在孩子身邊，比起事先解決孩子的需求，
請在孩子提出後再做回應。

請創造一個開放的環境，
讓孩子能無所顧忌地說出自己的意見及欲望。

Keyword

21

嫉妒弟弟的哥哥心理

該隱情結

為了得到父母更多的愛，兄弟之間產生的敵意心理學家阿德勒將第一個孩子比喻為「遭到廢位的國王」。也有人說，弟弟的出生帶給哥哥的精神衝擊，就像是丈夫娶小老婆帶給太太的打擊。如果老大的悲慘和傷心程度，可以跟遭到廢位的國王或大老婆相比，那麼真不知道身為老大的孩子們，都是怎麼撐過來的。

假使繼續沿用這個比喻——老大是大老婆，老二是小老婆，那麼老二的精神衝擊其實也不亞於老大。雖然遇見了心愛的人，但他的家庭已經有正室妻子，該怎麼接受自己是第三者的事實呢？所以，老二對於愛的爭奪，力道和老大相去不遠。

不過，人們通常將重點放在老大身上，是因為覺得老大是被奪取的一方，而這個想法也暗示了一般人認為老二會得到比較多的愛。這可能也是將《聖經》中「該隱與亞伯」的故事擴大解釋的關係。

第一個殺掉弟弟的哥哥

該隱與亞伯的故事出自《聖經》的創世紀章節，即使不是基督徒，很多人也都聽過。精神分析學的用語中，說明兄弟嫉妒及糾紛的「該隱情結」一詞，就源自這個典故。

該隱殺掉亞伯的決定性原因，是因為上帝只收了亞伯的供品，沒有收下該隱的。上帝之所以這麼做，是因為祂知道該隱不愛弟弟亞伯。同時，該隱也知道上帝愛弟弟比較多，所以才下定決心殺掉弟弟。

假如上帝不要這麼明顯地表露出對亞伯的愛，並且對討厭弟弟的該隱給予一些溫暖的擁抱，悲劇是否還會發生？上帝對於得不到愛的該隱，還要他克服自己的傷口去愛弟弟，是不是太過殘忍了？如果將上帝比喻成父親，那麼「第一個殺掉弟弟的哥哥」這句話，其實也可以看作是「第一個對子女差別待遇的父親」。

手足之間的嫉妒，與父母如何對待子女的態度密切相關，並非單純出於兄弟姊妹的意氣之爭，有時父母的偏心會造成子女之間的敵對。當然，誘發孩子嫉妒彼此的原因不只是父母的態度，也可能與孩子自身的經驗有關，或是受到父母之外的其他人影響。但是，從家庭的原型來看，父母的態度始終是影響最深的。

家人間的嫉妒主要發生在三角關係中（父親－哥哥－弟弟；母親－姊姊－妹妹），當事人的目標是占據父母的愛並且除掉競爭者。家中排行老大的孩子，可能偶爾會說「如果沒有弟弟或妹妹就好了」這種話。

我家大兒子也曾跟爸爸說：「為什麼爸爸總是站在弟弟那邊？我覺得很不甘心。」老大現在是中學生，他從小學一年級，也就是弟弟出生的第二年就開始這麼說了。每當他抗議的時候，爸爸總是不當一回事，或是對他說：「因為弟弟比較小啊！」、「怎麼上國中了還這麼愛計較？」

但老大不管在學校還是家裡，依然經常說著「我應該要比弟弟晚出生才對」。這時候，如果只回答他：「都已經上國中了還在吃弟弟的醋啊？」其實就等於承認了這段期間以來，父母一直偏心的事實。

不要著急，聽聽孩子怎麼說

當孩子說出「要是沒有弟弟或妹妹就好了」，他不一定真的希望弟妹消失在世界上，這句話的意思通常是希望自己也能享有弟弟妹妹的特權。孩子的一句話裡，包含著希望、欲望、挫折、絕望、渴求和期待。所以當父母聽到這種話的時候，應該先冷靜下來，忍住想責備孩子的衝動，先去了解孩子的渴望是什麼。

「當哥哥很辛苦吧？經常要讓步，但其實你也很想任性一下對吧？」

「因為爸爸好像只關心弟弟，所以你很難過嗎？爸爸不是故意的，如果讓你有這個感覺，爸爸很抱歉。」

有時候，比起逃避跟否認，父母更需要承認和道歉，因為孩子的感受是最真實的。孩子的嫉妒最有可能來自父母的態度，因此與其否認，承認、道歉是更人性化，也更有風範的回應。

讀出孩子的內心

先有父母的偏心，才有老大的嫉妒。

當孩子出現嫉妒弟妹的言行舉止時，
父母的逃避與否認反而會讓偏心成為事實。

仔細看待、了解孩子嫉妒的心情，
並以承認和道歉來安慰孩子。

Chapter

5

訓練法則

以正確且確實的話語說服孩子

- 獎勵
- 部分增強效果
- 三角關係
- 延宕滿足
- 雙重束縛
- 一致性原則
- 左右腦對話法

Keyword

22

零用錢
不是教育孩子的籌碼

獎勵

為了鼓勵某種行為或提升學習動力，
而提供的物質或稱讚

「再這麼不聽話，就不買聖誕禮物給你們了！」有一天，孩子的爸爸正在用根本還沒買的禮物威脅著他們。其實，禮物就只能是禮物，不應該與孩子的行為有因果關係，但爸爸卻將兩者連結在一起，這並不是一個好做法。況且，早已跟孩子說好要送禮物，此刻卻用其他藉口不買，這是打破承諾且違反信任的行為。

我相信，這種情境在任何一個家庭中都反覆上演著，因為父母會想要利用口頭講述或處罰等方式，輕易地制裁孩子的行動。

被零用錢綁住的孩子心理

行動主義心理學曾用動物做過很多實驗，因為當時許多項目無法以人作為研究對象。用動物做實驗，就必須不斷提供補償或獎勵，就像電視裡的寵物節目為了訓練小狗，連一個小零食也不輕易給，唯有等到小狗服從於「握手」、「轉圈」等命令時，才能得到零食。有時候我不禁反省，自己對待孩子是否也像在訓練動物。比方已經講好要給的零用錢，卻要等孩子服從於握手、轉圈、趴下一樣的指令後才給，反之則沒收零用錢。

父母給孩子零用錢，和上班工作領薪水是兩回事。零用錢更接近照顧或養育孩子的概念，因為爸媽沒辦法一直在孩子身邊添購他需要的東西，這時給孩子零用錢就是一個安全的替代方案。更何況，孩子交朋友也需要零用錢，像是放學後買炒年糕來吃、跟同學出去玩等等，在孩子社會化的過程中提供支援是父母的責任之一。

我最近碰到許多大學生個案，他們的故事中最常出現的主題就是零用錢。當年他們的父母為了控制小孩，把零用錢當籌碼，如果成績沒達標、不聽話、追求父母反對的夢想時，父母做的第一件事就是不給零用錢。

很多個案已經從小學生變成大學生了，父母卻維持著這種模式，而個案們仍然在忍耐，等待著獨立的那一天。他們有時想要奢侈一下，卻因為不知道何時會被斷糧而不敢花錢，他們對於這樣的自己感到很悲哀。

給予零用錢，是父母所擁有的權力中力量最強大的。當孩子的零用錢被中止，他會有如被暴力對待那樣的感受。父母如果利用零用錢作為交易條件，當孩子順自己的意才給錢作為獎勵，那親子之間的關係會變成什麼樣呢？難道不像利益交換的關係嗎？

零用錢就只是「錢」

有些西方孩子會一邊上學一邊自己賺零用錢，因為西方的家族觀念和東方不同，他們多半認為孩子跟父母的人生是分開的。反觀東方社會，如果孩子沒學好，通常會把責任歸咎到父母身上，甚至當孩子犯罪時，父母連頭也會抬不起來。

不過，在美國等西方國家的觀念中，孩子如果做錯事，那就只是孩子的錯，所以即使是犯罪者的媽媽，也能堂堂正正地接受採訪。如果拿這種文化跟東方文化比較，然後說「美國的孩子都是自己賺零用錢」這種話，其實是自相矛盾的。除非哪天我們可以跟美國一樣，在婚禮當天才見到孩子的配偶，那才另當別論。

孩子固然不能把父母給的零用錢視為理所當然，但父母給孩子零用錢也不能抱持支付費用的心態。如果父母向孩子要求償還花在他們身上的錢，那親子關係就變成交易關係了。

零用錢就只是「錢」而已，請不要拿零用錢來操控孩子，要試著找出其他引導的方法。如果孩子要乖巧又聽話才能得到零用錢，那麼孩子將很難證明自己是有價值且值得被愛的存在。

讀出孩子的內心

給予零用錢，是父母照顧孩子的方式之一。

如果跟孩子的關係是交易或交換，
那麼很難讓孩子感受到自己是值得被愛的存在。

Keyword

23

阻止孩子遊戲上癮的錯誤做法

部分增強效果

某些行動受到部分強化時，反而會更加固著

孩子隨著年齡增長，心理會越來越成熟，也開始產生自我的力量。耐心、自律、勤快等特質會增加，原本動機單純的欲望會逐漸變成對成就或表現的渴望。

當孩子上小學後，必須完成學業任務才能提高自信與自我效能感。所以，放任孩子肆意玩耍並不是一件好事，還是要配合每個階段完成適當的課業，才不會妨礙孩子的心理發展。

不過，近來很多孩子因為沉溺於社群媒體或遊戲，而對學業和家庭關係產生不好的影響。就算沒有統計數據證明，也看得出現代有多少孩子對電子遊戲上癮，這也是玩耍空間和玩伴逐漸消失所造成的弊病。

在我小時候，孩子手中沒有遊戲機，取而代之的是玩偶、彈珠跟沙包，地上的石頭也能變成玩具，一塊空地就可以是玩耍的空間。當時「跳房子」遊戲多麼好玩，到處都有人在玩跳繩，好多人是玩著「一二三木頭人」長大的。當時的環境，充滿著能豐富孩子感性及創意的玩意兒。

要是現在的孩子能玩著石頭、紙娃娃、彈珠、沙包，那該有多好？只可惜他們手中能玩的只剩下遊戲機、手機和電腦。事實如此，我們就該注意別讓孩子對這些東西產生過度依賴。假如你也擔心孩子一直滑手機，或者好像對遊戲上癮，那麼有必要先來看看導致上癮的機制是什麼。

錯誤的補償會導致上癮

心理學將人們之所以會賭博或玩股票上癮，歸因於「部分增強效果」。當人們每次做某些行為都能獲得補償，稱為「連續增強」；而「部分增強」指的就是，在有些時候不給補償（增強物質），有些時候則提供。假使賭博的人一直賠錢，那他很快就會放棄，但就是偶爾有那麼一次會贏錢，所以讓人無法放棄。

滑手機和社群媒體也是一樣的道理。如果每分鐘都有訊息傳來，這樣反而不會想看，就是偶爾有平常都沒聯絡的人會突然傳訊息，形成了部分增強效果，才讓人握著手機不放，或是不停盯著社群媒體。

請試著回想一下，當孩子一直玩手機的時候，你是否偶爾才會發脾氣？有時候就算孩子整天玩遊戲，你也沒說什麼，但有時候又會突然生氣地說要把遊戲機丟掉。再請試著回想，在孩子更小的時候，是不是也發生過類似的事情？有時候不管孩子怎麼苦苦哀求，你也不會買玩具給他，但有時候又會拗不過孩子而結帳。就是因為這樣的部分增強效果，孩子才會耍賴，因為他知道只要不斷鬧脾氣，就有成功的機會。

那麼，父母該怎麼做呢？應該建立一個孩子再怎麼耍賴，你也不會答應的原則。你可以跟孩子一起定下規則，比如只有在爸爸領錢的時候，或是特別的日子裡，才答應買玩具給他。

遊戲機跟手機一樣。如果孩子每次玩遊戲機，就會產生不利於自己的經驗，那麼誰都不會想再玩遊戲了。因此，父母必須定下規則，明確規定可以玩手機與遊戲機的標準。

不久前，我在育兒節目中看到類似情況。媽媽明明跟孩子約好遊戲只能玩一小時，卻在超時後仍然無法制止孩子，反倒看著孩子說：「已經超過時間了，你還要玩到什麼時候？」其實，到了約定的時間，媽媽只要說「時間到」就好，超時後就沒必要問孩子何時要結束，更不應該看孩子臉色。

除此之外，也可以跟孩子約定以下規則，或許會有所幫助：

① 時間到鬧鐘會響，鬧鐘一響就要把電源關掉

② 如果時間到了還沒關掉電源，爸媽就會直接把插頭拔掉

在彼此的協議下定出明確的規則後，就沒有所謂的協商、請求和威脅。如果爸媽偶爾打破這個規定，那就會產生部分增強效果，嚐過一次甜頭的孩子，就會一直等著爸媽再次打破規則的那天。

讀出孩子的內心

對於不能做的事，必須建立原則，
並且不能有任何妥協，
才能防止孩子對社群媒體上癮。

請果斷地對孩子說：
「結束了！」、「不行！」

Keyword

24

釐清誰是提出問題的人

三角關係

試圖藉由第三者的加入來解決兩人之間的問題

「媽媽，剛才哥哥又罵我！」孩子之中，告狀的人通常是弟弟。這時媽媽的反應，不是站在弟弟這邊跟著罵哥哥，就是問哥哥是否真的罵了弟弟。當然，如果今天告狀的是哥哥，模式也會差不多。

這種狀況的癥結點，在於一開始提出問題的人並不是媽媽。媽媽沒有直接「看到」手足互動的狀況，只是「聽了」一方的說詞後進而認同。這時媽媽要溝通的對象，應該是提出問題的弟弟才對。

然而，人們聽到事情的反應，會比看到事情來得更加敏感。這是因為看到事情的時候，只會接收看到的訊息；但在聽到事情時，人們會自己想像情境並且誇大，所以連小錯也會被放大。

「這樣啊！那你的感受是什麼？」

應該先向提出問題的人詢問他的心理狀態如何，再來發展之後的對話。

「如果媽媽是你，也會覺得心情很差。那你想要怎麼做呢？或是你希望媽媽怎麼做？」

像這樣即使不去跟哥哥對話，也能充分安慰到弟弟。弟弟跟媽媽告狀的目的，其實就是希望媽媽可以替自己去罵哥哥。假使媽媽為了確認事實把哥哥叫來，聽了哥哥的說法後，再去計較誰對誰錯，這麼一來媽媽就變成了裁判。最常出現的結論就是：「兩個人都有錯！」這種答覆對兩個孩子都沒起到安慰的作用。

三角關係只是一時方便

在家庭裡，經常會藉由拉進第三者來解決兩人之間的問題。比如夫妻爭吵時，其中一方會把子女拉進來，對孩子說另一半的壞話，或是讓孩子代替自己去讓對方消氣。除此之外，也有很多人會把婆婆、岳母等其他家人拉進來試圖解決問題。

但是，三角關係沒辦法解決根本的問題，只是將爭執往後延，圖一時的方便而已。甚至會讓孩子因為不知道要站在哪一邊，或選擇站在提出問題的那一邊，而與另一邊的父母起衝突。

我有一名個案，從小就在這種三角關係下長大，一直代替媽媽跟爸爸吵架。這種情形，有時候會演變成把父母的其中一方從孩子的人生中排擠掉。

還有些情況是沒人反應問題，爸媽卻會自己先介入。當然，如果孩子有安全上或是暴力、道德倫理上的問題，爸媽理當要擔任解決問題的角色。然而，多數情況都是爸媽想率先同理其中一個孩子的感受，結果反倒成為提出問題的人。

爸媽試圖先行理解的好意，以及他們自身的經驗，有時會造成孩子之間的爭端。當其中一個孩子像到另一半討人厭的部分，爸媽會忍不住主動提起紛爭；或在孩子身上看到自己的投影時，也可能會急著製造問題。

我們應該避免把父母拉進孩子的關係，或把孩子拉進父母的關係來解決問題。換句話說，不要從孩子身邊奪走父母任何一方，也不要讓任何一個孩子被父母忽略。

當你沒有收到孩子的調解請求時，請試著先觀察他們自己如何解決。要相信孩子擁有自行解決問題的能力。

當孩子告狀時，先試著了解孩子傷心難過的心情，並給他一個擁抱。就好像你是一名諮商師，來找你諮詢的是個案本人，而不是造成個案傷痛的人。請幫助孩子治癒他們的傷口，就像諮商師治癒個案一樣。

讀出孩子的內心

當孩子之間產生紛爭，其中一位向你反應時，
你只要同理並提供安慰就可以了。

製造三角關係來解決問題，
不是根本的解決方法。

爸媽不是裁判，
請給孩子們自己解決問題的機會。

Keyword

25

如何面對
總是等不及的孩子

延宕滿足

能夠延遲滿足欲望或補償的能力

你聽過「棉花糖實驗」嗎？這個實驗是給孩子一個棉花糖，告訴孩子忍耐十五分鐘不吃的話，會再給他一個，藉此來觀察孩子的行動。有的孩子馬上就吃掉了，有的孩子則忍住不吃，最後開心地得到兩個棉花糖。

這個實驗的後續追蹤顯示，當年能夠忍耐的孩子，後來在課業成績和大學入學測驗都有優秀的表現，受挫力與抗壓性也比較強。當然，也有人認為家庭環境是很大的影響因素，但實驗向來存在著許多未知的變數，結果必然還有討論的餘地。

想立刻獲得滿足的孩子

撇開爭議和其他可能的因素不談，這個實驗的重點，在於測試孩子是否具備延遲滿足欲望的能力。這在心理學上稱為「延宕滿足」，很多心理學家都認為這是很重要的能力。

奧地利動物心理學家，同時也是諾貝爾生醫獎得主的康拉德．勞倫茲（Konrad Lorenz）表示，想即刻獲得滿足的心態，是現代社會的罪惡根源。說到即刻滿足，最容易讓人聯想到的就是「藥物成癮」。只要吃一顆藥丸或打一劑針，就能刺激中樞神經得到快感，這是人類為了立即獲得滿足和釋放渴望最危險的行為，因為它取代了換取某樣東西必須付出的時間和痛苦。

近來的孩子，比起忍耐及努力，更想獲得即刻的滿足。「零動力世代」就在形容這種現象，指的是不在乎社會規範、缺乏抱負的一代。他們通常不聽父母言，只在意欲望能否即刻獲得滿足。在我們這一代，聽從老師的指示是理所當然的。但現今的孩子不只不聽，有些甚至會對老師施暴，過去就曾有老師因為要求學生不要帶手機而被拳腳相向的新聞。

不論是大人或小孩，只顧著滿足自己欲望的人，通常對其他人的需求視而不見。他們不去配合外在世界，而是希望整個世界能滿足自己，並藉此去操控他人。有些人甚至認為別人的存在就是為了滿足自己。對這種人來說，除了自己以外，其他人一點也不重要，父母當然也包含其中，這個事實會帶給父母很大的挫折感。

最重要的是，這樣的孩子會給自己帶來最大的負面影響。他們缺乏為了達到某個目標去努力或忍耐的能力，這對他們的未來沒有幫助。單純為了滿足欲望而存在的人類，跟動物又有什麼區別呢？

所以，父母要給孩子更多的愛，讓孩子能感受到自己是有價值的存在。在愛的基礎下，孩子才能學會如何去愛別人，也才會去關心自己以外的世界，進而培養觀察力及思考力。父母要協助孩子，即使眼前還看不到收穫，也能保持耐心並且願意繼續嘗試。

適時延宕滿足孩子的欲望

為了孩子的成長，父母有時會立刻滿足孩子的需求，但適時延宕滿足孩子的欲望也是有必要的。聽起來很矛盾，但這就是父母不好當的原因，只能不斷地從過程中學習。孩子還小的時候，可以利用父母來達到自己的欲望，但當他們長大了，就要靠自己的力量，要能夠忍受痛苦，以及學會調整自己的心態。

比起完全接受或徹底拒絕孩子的欲望，父母應該配合孩子的情緒、特質、性格、發展階段，適當地接受和包容；與此同時，孩子也必須經歷過忍耐的痛苦。拿捏的準則須藉由觀察及經驗才能立定，即使是專家也無法定出統一標準。如果挫折過於頻繁或巨大，反而會讓孩子不顧一切地投入滿足欲望的世界。適當的延宕滿足與挫折，則能養成孩子的自制力，也可以培養遇到危機的解決能力。此外，答應孩子在延遲欲望後要給予的補償，一定要依照約定給孩子。

在過去的年代，父母對孩子嚴格的理由，是希望孩子在進入嚴酷的世界之前先練習忍受父母的嚴苛。嚴格和暴力存在著巨大的差異，前者的基礎來自很深的愛，後者卻不是。父母應有的嚴格，是讓孩子感到挫折的同時，仍然默默支持和愛護著孩子。

要讓孩子明白，父母的給予並非理所當然，每樣東西都必須透過努力或等待才能獲得，不是唾手可得。父母能做的，就是在孩子感到挫折時陪在他身邊，這就是對孩子最大的支持。

讀出孩子的內心

請用延宕滿足來培養孩子的
忍耐力和自制力。

比起即刻滿足，
有時候挫折會帶給孩子更大的喜悅。

Keyword

26

避免一句話
包含兩個以上的意圖

雙重束縛

同時提出相互矛盾的兩個選項與訊息

人的心理是矛盾的。很多時候我們會對一個現象產生兩種以上的情緒，或是對某些對象同時存在著喜歡和討厭的情感。

當我們看著孩子的時候，一方面希望他快點長大，一方面又不希望他那麼快長大。有時被孩子氣到懷疑自己，有時又覺得擁有孩子是最幸福的一件事。人心是如此複雜，能單純去感受單一且明確的情緒反而是件難事。

雙重束縛訊息會讓孩子感到困惑

當我們跟孩子說話時，有時也會混合複雜的情緒，在說出的一句話之中，包含了兩種以上的意義或旨意模糊。比方說，我經常會因為太過擔心而不想讓孩子參加校外教學或營隊，但同時又希望孩子可以多創造一些學生時代的有趣回憶，所以只好隱藏自己的擔憂送孩子出門。這個時候可以嘗試「打括號」技巧，也就是將「說出的話」和「內心的話」做出區隔，將後者用括號的方式藏在心裡。

如果一句話裡參雜了多種意圖，孩子將會不知所措。請試著想像一下，如果你一邊送孩子去奶奶家，一邊這麼說：

「去那邊玩得開心喔！但你不在的話，媽媽會很無聊。」

這樣孩子到底是去還是不去呢？美國文化人類學家葛雷格里・貝特森（Gregory Bateson）就發現，家庭中機能不全、混雜的溝通方式，是造成精神分裂症的原因之一。這種機能不全的溝通方式稱為「雙重束縛訊息」。

一般來說，一句話應該只包含一個意圖。如果同時傳達兩個以上的意圖，就會讓對方感到困惑，最嚴重的結果就是導致精神分裂，這是已經被證實的理論。雙重束縛訊息會讓孩子為了確認父母的意圖變得戰戰兢兢，當孩子受到外部強大的壓力時，內心的不安感就會急遽上升。

貝特森提出雙重束縛理論的契機，始於他遇見一位患有精神分裂症的青年。某一次，這位青年的狀況略見好轉，他的母親來到醫院探望。青年開心地朝母親跑過去，但在那一瞬間，母親卻躲開了。正當他感到不知所措而站著發愣時，母親卻又開口說了這句話：

「你不愛媽媽嗎？為什麼呆呆地站在那裡？」

當他跑去要擁抱媽媽的時候，媽媽閃避了他，但此時媽媽卻又質疑他為什麼不擁抱自己，是不是不愛媽媽。這樣的媽媽讓青年感到無比困惑，更讓他的精神分裂症狀再度惡化。

在這個故事中，媽媽也可能因為太久沒見到兒子，當他向自己跑來時，因為不知道用什麼姿勢迎接或該說些什麼，因而才躲避兒子。如果是這樣，那麼媽媽事後就應該要表達自己的歉意，並且告訴孩子，當下是因為不知所措才會不自覺地避開，然後試著重新擁抱孩子。這樣一來，或許可以減低孩子的傷害。

我猜想，這位青年的媽媽很可能不只在那天傳達了雙重束縛的訊息，平常應該也經常使用讓人困惑的溝通方式，而讓孩子一再地經歷混亂的過程。當然，將精神分裂症都歸因於雙重束縛的溝通也是過度了。把所有責任都歸咎到父母身上，不去考量生物學的因素、父母以外的環境和其他原因，也是讓父母感到罪惡和苦惱的行為。

回過頭來說，明確的情緒表現及溝通方式確實有很多好處，各位不妨練習看看，會相當有助益。不知道如何正確表達情緒的個人特質，遇上重視面子的社會環境時，就很容易出現雙重束縛的言語，年邁的父母就經常傳達這類訊息。明明說「我什麼都不需要」、「不用匯錢給我」，但是當子女真的什麼都沒做時，他們又會感到難過。

我期待以後的我們，都能成為對孩子說出「生日那天，就給我韓幣三十萬元」這種要求明確、不會讓人困惑的父母。難過就說難過、擔憂就說擔憂，只將一種情緒說出口，剩下的想法就留在心裡吧！

「（雖然我真的很擔心）去校外教學要玩得開心喔！」

父母要先協調意見

整合媽媽跟爸爸的意見，也是一件很重要的事。所以，如果媽媽答應但爸爸不同意，兩人意見不合吵起來，這對孩子來說也算雙重束縛，一樣會令他感到困惑。

父母當中有一位定下孩子必須遵守的規則後，另一位有時會持反對的意見。此時的解決方法是忍耐，或者趁孩子不在的時候父母重新協調。這麼做也是在維護父母定規則的權威，否則孩子就會去揣測哪一方的權力比較大，要站在哪一邊才能生存，因而會無視權力較小的一方。

內心越是不安、越是配合他人的人，更常用雙重束縛來困擾別人。如果不想讓孩子變成這樣，就要養成傳達明確訊息與單一情緒的習慣。

讀出孩子的內心

♥

對孩子傳達訊息時，
一句話當中請放入一個意圖就好。

♥

雙重束縛訊息會讓孩子感到困惑。

♥

父母之間必須傳達一致的意見，
才能避免雙重束縛的混亂。

Keyword

27

需要管教孩子的時候

一致性原則

在強化的過程中，
每一次的刺激條件都必須保持一致

爸媽固然都希望在下達指令時孩子就能聽話，偏偏有些孩子非得等你生氣才會聽進去。這種情況如果反覆發生，家長額頭上的皺紋只會越來越多，甚至還會氣出病來。很多時候孩子連最基本的臉色都不會看，渾然不知爸媽即將火山爆發。

尤其是媽媽，通常想當一名溫柔的母親，但如果只停留在委婉的警告，孩子們就不會畏懼媽媽的怒氣。很常見的情況是，媽媽會先告訴孩子她生氣了，預告事態即將一發不可收拾：

「媽媽現在很生氣！」

媽媽說這句話是想表示她已經生氣了，如果不馬上改正，等一下可能會挨打。但多數時候孩子沒辦法察覺到背後的用意，他們沒頂嘴說「所以呢？」已算萬幸。像我家兒子最近就常對我說：「不然你想要怎樣？」我的警告完全沒讓孩子產生警覺。

雖然這種溝通方式的態度沒問題，但無法帶來爸媽想要的結果，更小的孩子還會以為你在跟他玩遊戲。孩子要能夠判斷狀況、說明並理解大人的情緒，大腦裡的前額葉必須發展到一定程度才行。不僅如此，僅僅透過表情或語言所傳達的憤怒，並無法改善孩子偏激的行為。家長只是持續地生氣並且大吼大叫是沒有用的，必須明確且果斷地在剛剛那句話後面再加一句，或是直接付諸行動才有用。

具體表達你的情緒

「媽媽現在很生氣。如果你不馬上關掉電視，我真的會火山爆發。你要繼續看電視還是關掉？」

必須加上「如果不這麼做，媽媽就會怎樣」這句話，孩子才會知道你為什麼生氣，也才能察覺到不這麼做會有多嚴重的後果。只用敘述句說出你的情緒，孩子並不會曉得你是因為自己而生氣。有些孩子甚至會猜想，媽媽是因為爸爸才生氣嗎？還是在外面發生什麼事所以很生氣？為了讓警告可以變成管教，你必須明確地告訴孩子，這個行為會對他有什麼影響，而且最好是讓他自己說出來。

「如果你現在不關掉電視，那會怎麼樣？」

「會被罵。」

孩子必須自動自發地關掉電視，由爸媽關掉是沒有效果的，因為往後孩子就會預期爸媽每次都會替自己關掉，這樣一來就達不到管教的目的。

如果問了孩子後果但他答不出來，或是仍然不關掉電視，這時就要處罰或依照之前協議的規則來進行。像是沒按照約定關掉電視，就處罰孩子一個星期都不能看電視，這些規則必須事先立定。

只不過，這種規則也有對爸媽不利的地方，所以有時候爸媽自己也不會遵守。例如孩子看電視的時間，是媽媽可以休息或去忙其他事的空檔。因此，務必定下你也能徹底遵守的規則，如果連你自己都無法遵守，孩子當然就不會聽話。想讓和平的警告發揮效果，就要讓孩子學到付出代價的經驗。

讀出孩子的內心

只向孩子傳達你生氣的狀態，
是無法達到管教的目的。

如果想讓警告發揮效果，
就要讓孩子知道事先立定的規則不會有例外。

Keyword

28

如何與個性不同的孩子溝通

左右腦對話法

左腦人理性、右腦人感性，
要找到適合彼此的對話方式

父母跟子女之間，有時明明聊得很開心，下一秒卻突然吵起架來。曾經有一位個案哭著來到我的諮商室，說自己跟上小學的兒子吵架了。她跟女兒的溝通很順暢、很少起衝突，但跟兒子就完全無法對話。其實就算是同一對父母生的孩子，也是有好溝通和不太聽話的差別，這種情況很正常。

理性的孩子與感性的孩子

一般常說，男生是左腦型、女生是右腦型，但有專家反對直接用性別將大腦區分成男人腦和女人腦，因為只憑一項要素的判斷是很輕率的。我們暫且把兒子、女兒這種生物學的因素放一邊，試著把每個孩子當成獨立個體去思考。以我家為例，兩個小孩雖然都是兒子，但比起左腦人，他們看起來都更像是右腦人。

如果你觀察一下配偶和孩子的思考方式，就能分辨出他們是傾向於理性思考的左腦人，還是感性思考的右腦人。為了避免對話變成紛爭、幽默變成爭吵，我們有必要訓練自己用對方熟悉的思考方式和語言進行對話。當你確認好孩子是左腦型或右腦型之後，就可以用適當的方式回應孩子，與孩子建立更親密的對話。孩子同樣會覺得父母有好好聽自己說話，給了自己很大的幫助。

那麼，具體來說該怎麼做呢？首先，左腦型傾向邏輯性與直線思考，右腦型則更具創意及感性。雖然每位孩子的特質和個性不同，也會隨著狀況而有所變化，但左腦型孩子通常需要你盡快給予答覆，而右腦型孩子則需要你去理解他的情緒。

比方說，碰上孩子因為課業繁忙而壓力驟增的時候，像我家孩子上了國中後，功課如炸彈一樣不停襲擊而來。以下是某天孩子跟我的對話：

「天啊，學校的功課突然變好多！」

「上國中要適應學校已經很累了，功課還變多，你一定很辛苦吧？」

「雖然很辛苦，但我還是得把功課做完。」

「好吧，如果你有需要幫忙再跟我說喔！」

就像前面提過的，我家小孩傾向右腦思考，所以我會以比較感性的方式跟他對話。如果是左腦型的孩子這麼說，那要怎麼回應比較好呢？或許可以像下面這樣回答：

「是嗎？這樣的話，你要不要從比較簡單的部分開始做起？還是需要媽媽幫你一起制定計畫呢？」

右腦對右腦的溝通、左腦對左腦的溝通，雙方的互動才會比較順暢。當然，這只是一種看法與建議，並不是正確答案。因為左腦人也有想要獲得情感共鳴的時候，而右腦人有時也會想要積極地找尋解決方案。

假如你搞不清楚孩子的思考模式，或是想更精準地知道他的想法，又該怎麼做才好？此時，直接問孩子就是最好的方法：

「你現在看起來好像很忙，媽媽想幫你。不過，你希望媽媽跟你一起找解決方式嗎？還是只要聽你說說話就好了呢？」

問完之後，就看孩子怎麼回答了。意外的是，很多時候你很想幫孩子的事情，其實只要聽他們說說話，問題就解決了。如果想知道孩子是傾向理性思考或感性思考，你可以回想一下孩子的心理素質，以及他們經常使用的說話方式來判定。

最好的做法是，你可以練習整合理性與感性的說話方式。這種溝通一方面能給孩子共鳴，一方面也提供了解決問題的方法，能帶給孩子安全感。

「你一定很擔心吧？需要幫忙的話，要跟媽媽說。」

有時候孩子會陷入很深的感性漩渦中。此時，不需要共鳴或解決方法，媽媽只要劃清界線，保持沉默就可以了。

讀出孩子的內心

根據孩子的狀況及個性，
決定採用右腦或左腦思考的語言來對話。

整合理性與感性的話語，是最佳的溝通方式。

不確定孩子的心理狀態及個性時，
請直接問孩子想要什麼。

Chapter

6

共感法則

用深度交流累積信任

- 共感
- 麥拉賓法則
- 溝通
- 尊重

Keyword

29

深度同理孩子，不只是表面的理解

共感

對某件事表達出與當事人相同的感受

我們經常聽到「共感」這個詞，但如果問起什麼是共感，卻很難用一句話去定義它。這個詞在一九〇九年由美國心理學家愛德華・鐵欽納（Edward Titchener）提出，源自於德文的「共情」（Einfühlung）一詞。

英國精神科醫師隆納・大衛・蘭恩（Ronald David Laing）和亞倫・伊斯特森（Aaron Esterson）認為，當人們的主觀經驗獲得合理化，亢奮的情緒會停止；反之，如果自己的情緒不被認可，則會感到沮喪、氣惱。主觀經驗的合理化，是指自己的情緒獲得認可與反應。如同心理學家卡爾・羅傑斯（Carl Rogers）所說的，這是一種「共感移情」，即一個人試圖與他人經驗調和的態度或方式。

我參加諮商師團體輔導課的時候，曾經歷過「形式上」的共感。輔導員表面上說著「你一定很辛苦」這些看似共感的話，實際上卻感受不到他們的同情。據說，這幾年學校也積極推動共感能力的培養，但孩子們只學到不管朋友說什麼，都做出「原來如此」這種機械式的答覆。這種形式、機械式的共感，不僅無法讓對方感動，對於關係的進展也毫無幫助。

共感與溺愛不一樣

當我們真正對某件事、某個人產生共感時，除了接收到對方的表情和表層情緒，也能對他們內在的情緒感同身受，羅傑斯將此稱為「深度共感」。只理解表面發生的狀況是表面的共感，唯有突破表層，看到沒有顯現出來的情緒才是深度共感。

柏克萊加州大學心理學專家羅伯．賴威森（Robert Levenson）在他的研究中也獲得類似結論。參與實驗的戀人們互相產生共感時，兩人臉部的表情跟心跳次數是一致的，甚至會模仿彼此的身體姿勢。真正的共感即使不說出口，對方也能感受得到。

我曾接觸過一名個案，因為從來無法得到父母的同理而導致創傷。當我問他為什麼父母無法對你產生共感時，他回答：「因為他們怕我養成壞習慣。」由此可知，個案的父母將對孩子的溺愛與共感搞混了。

根據心理學的說法，一個人要能體察自己，首先需要被同理。當自己先獲得理解和認同時，才會轉過頭來檢視自己。相反地，若是遭受批判或否定，那麼只會更想要反駁或抵抗，也就阻礙了自我理解。

心理學家丹尼爾・高曼（Daniel Goleman）認為，共感是一種「社會雷達」。將觸角深入他人的內心世界，彷彿要進到對方身體裡去觸摸內心的行為，就是一個充實內在空虛的過程。有時候即使不說話，光是用表情，共感就能成為我們抵抗內心空虛的強力盾牌。

接受孩子情緒的共感方式

為了好好共感他人，首先要充實自我情感，並且充分認可這份情感。要先培養自我的情緒調節能力，在不會輕易被情緒壓倒的狀況下，才能對別人產生共感。未曾接納、調節自我情感的人，很容易對他人的情緒做出輕率的判斷。

此外，如果想做到充分共感的溝通，請不要急著做出反應。在孩子說話的時候，先保持沉默、仔細聆聽。接著，與其做出價值判斷或提問，最好如實呈現孩子所說的話。

「你是說因為老師好像忽視你，所以你才生氣的，對嗎？」

重複陳述後，孩子會回應或補充。此時，父母就可以開啟深度共感，去幫助孩子覺察情緒。可以試著去釐清孩子在欲望、憤怒等表面情感下所隱藏的真實情緒。不過要留意，你有可能判斷錯誤，因此平常就要深入觀察並且理解孩子，才能掌握孩子真正的情感。

「在媽媽看來，你想聽到老師的稱讚，但老師卻好像不在意，所以你覺得失望又難過嗎？」

在試圖深入孩子內心去做更深層的接觸時，盡可能不要用判斷的語氣讓他無法反駁。可以用比較迂迴的表現方式，讓孩子有空間去確認你的觀察。萬一你表達的方式太武斷、太堅定，例如說：「其實你是想被稱讚吧？」那麼孩子就會想反駁，也會覺得沒得到同理。

很多發展心理學家都認為，共感不是單純的情緒反應，還包含了理解與認知的過程。馬汀．霍夫曼（Matin L. Huffman）就表示，促成利他行為的要素就是同理心，是人類道德中最關鍵的元素。藉由共感，不同個體的內在狀態能夠整合起來。

在父母的愛與理解中長大的孩子，才能成為一個同理他人、與社會互動良好的人。

讀出孩子的內心

深度共感指的是能對他人內在的情緒感同身受。

充分共感的溝通，
要先保持沉默，聆聽孩子說話。

比起提問，請試著重述孩子的感受，
再試圖去挖掘孩子沒表現出來的內在情感。

Keyword

30

打開孩子心房的溝通

麥拉賓法則

指溝通對話中，視覺和聽覺的重要性

只要孩子來找父母商量，父母通常都有意願聆聽並協助解決問題。但很多時候，孩子並不這麼想。

爸爸媽媽都會想知道，孩子在學校過得怎麼樣？跟朋友相處有沒有問題？功課做完了嗎？一想到這些，很多時候就感到煩悶。我也一樣，隨著孩子升上小學高年級，這種煩悶的心情只會與日俱增。

「跟朋友玩得開心嗎？」

「功課做完了沒？」

「有沒有聽老師的話？」

請回想一下，你平常有沒有這樣問過孩子，問題是否都大同小異呢？如果仔細觀察，你可能會發現孩子跟父母的其中一方比較能舒服地對話。

我家老大平常雖然比較喜歡爸爸，但是當自己有話想說或是有煩惱的時候，他通常只會來找我，而且還要我幫他對爸爸保密。原因是爸爸經常用忠告和指責來回應他，或者爸爸只會問「所以呢？你做了還是沒做？」這種只能回答「是」或「不是」的封閉式問題。從孩子的立場來看，他就不會想要繼續對話，因為對話跟問題一點都不有趣。

與其提出解決方式，不如給孩子安慰

孩子會對某些人事物產生興趣與關心，理由通常很單純明確，就是因為「有趣」。當他想要學習時，理由是因為有趣；當他想跟某個朋友玩耍時，也是因為有趣。如果跟媽媽講話比跟爸爸講話有趣，那麼孩子就只會跟媽媽聊天。

孩子還小的時候，只想著滿足自己說話的欲望，但隨著他年齡增長，談話的內容也會出現越來越深層的煩惱。這個時候，如果總是用忠告跟指責來回應，孩子當然不會想再聊下去。

父母在試圖理解孩子內心的路上，會有幾個絆腳石。首先，我們都知道要採取非批判式的態度。調整說話方式固然不容易，但為了讓孩子持續打開心房、說出他的事情，不管多麼困難，父母都要努力做到。僅僅是語氣溫柔是不夠的，還要表現出親近孩子的態度。

當然，你可能會因為心疼而想盡快幫孩子解決問題，或者覺得只要改正一個小地方就能解決事情而感到心急。但請記得，著急、煩悶、焦躁，其實都是你自己的情緒。如果不能記住這點，親子之間的對話很可能再度失敗，孩子又會把心門關上。

你可以回想一下，自己是不是偶爾也有向另一半尋求解決問題的方法，或是說說別人壞話、吐吐苦水的經驗？就算請另一半聽自己說話或站在自己這邊就好，但他有時還是用中立的方式指出你也有不對的地方，更不用說能站在你那邊了。這種時候，你是否很想大聲反駁呢？

孩子也是一樣的，如果希望另一半怎麼對待自己，就用相同的態度對待孩子就對了。溫柔的語氣、溫暖的眼神、點頭認同、支持和鼓勵的姿態……這些動作就能傳達出你對孩子的心情感同身受。

移除親子對話的絆腳石

聆聽孩子說話的時候，有一些方法可以協助孩子解決問題，進而與孩子更親近。

首先是找出和孩子對話時的絆腳石。所謂的絆腳石，包含：給予忠告、命令、批判、習慣性地提出解決方式、轉移注意力、判斷等等。事實上，所有的絆腳石很多時候都來自父母想幫孩子解決問題，以及保護孩子的心情，只是這樣的心意沒辦法輕易地傳達給孩子。

有時比起對話的內容，人們更重視態度、氛圍、語氣等非語言的訊息，「麥拉賓法則」一詞就在說明這種現象。指的是當我們跟某人對話時，只會記住對話內容的百分之七，對於視覺印象會記得百分之五十五，聽覺印象則會記住百分之三十八。這個法則不只適用在初次見面的場合，幾乎會發生在每一次的溝通過程。

所以，當我們對孩子生氣，有時指責的是孩子無所謂或不服從的態度，和他具體做了些什麼其實一點關係也沒有。從孩子的立場來看，比起爸媽說話的內容，他會更強烈地接收聲音、姿態、表情等視覺上的模樣。

當你移除了絆腳石、專注在孩子的情緒及說話內容，並且一起尋找解決方案後，還必須關心後續狀況，包括方法是否合適、有沒有效果、事情如何進展等等。

如果父母與孩子談了那麼多之後，卻對後續發展不聞不問，孩子仍然會覺得爸媽不關心自己的事。

讀出孩子的內心

♥

平常與孩子對話時，比起短答型或封閉式的問題，
請用開放式的問題蒐集有關孩子的訊息。

♥

當孩子不太向父母談及自己的事，
通常是因為親子溝通存在著明顯的絆腳石。

♥

聽完孩子的感受和故事，並且找到方案後，
請持續關心後續的進展。

Keyword

31

能治癒傷口的家庭溝通

溝通

以語言或非語言表達
想法、意見、情感時沒有障礙

大部分來到諮商室的個案鮮少對別人提起自己的事，他們小時候沒有訴說的對象，長大後覺得說了也不能解決事情。我的童年時期也很少有訴說心事的經驗，在朋友間通常是傾聽別人煩惱的角色。為什麼我們沒辦法說出自己的故事，讓日子變得這麼孤獨呢？

兒時經常經歷父母的缺席，或是疏於跟父母溝通的人，長大後有比較高的機率會因為相同的理由而感到痛苦。一次也沒跟母親說過自己有多麼辛苦的人、反過來要幫父母分擔痛苦的人、使盡力氣裝作沒事卻精疲力盡的人、代替父母照顧弟妹的人、父母都很忙碌所以只能一個人在家看電視的人、為了阻止父母吵架而痛苦的人、被父母拋棄背叛的人、小時候遭受性侵卻無法向別人訴說的人……這些人即使心中的傷口淌著血，卻從來沒有朝父母奔去並且被擁抱的經驗。

如果問他們為什麼不對父母說，得到的回答多半是「說不出口」。因為對他們而言，難以開口的家庭氛圍、沒人傾聽自己說話的處境，是再平常不過且理所當然的事。所以不管遇到了什麼事，他們也不會想說出來。當時說不出口的，現在當然更加無法開口了。

能走入諮商室接受治療的人，已經是萬幸。倘若正在閱讀這本書的你，在書中看到自己的陰影，當年沒人給自己開口的機會，現在不妨給自己一個吧！不管訴說的對象是諮商師或任何人，只要說出你自己的故事，就是對自己的仁慈。

真正的溝通使人成長

當我們跟某人的溝通很順暢時，腦中會分泌一種叫做「多巴胺」的化學物質。看著對方的眼睛進行對話，除了讓人心情愉快，還能產生幸福感。相反地，當一個人斷絕了與他人的溝通，他將變得不幸，甚至可能衍生出各式各樣的心理疾病。

所謂溝通，並不是單純的說話，更是指心靈相通的瞬間，一種能將孤獨轉換成連結的時刻。換句話說，你在過程中感受到這個世界上存在著理解自己的人。

佛洛姆曾說過，諮商就是「了解自己」。透過諮商了解自己，就能跟自己變得更親密，進而真正地愛自己。唯有如此，才能脫離反覆上演的不幸，體會到真正的成長。父母跟孩子溝通，目的也在於更加了解彼此，最終使親子雙方共同成長。

佛洛姆還說過這麼一句話：「能鼓勵生命成長的，都是良善的；妨礙生命成長的，則是邪惡！」真正的溝通，才能引導父母和子女一同向善。而幫助孩子成長，就是為人父母最良善的義務。

傾聽的力量能治癒心中的傷口

人類在出生的那一刻就用哭聲呼喊父母。長大的過程中，不論是跌倒或生病，傷心或挫折，最先找的人也是父母——我們就這樣從父母身上得到安慰與信任。父母光是好好聆聽孩子訴說，就能讓他們很快地平復心情。還有人說，傾聽能治癒七成的傷痛。

心理治療師暨作家貝芙莉．英格爾（Beverly Angel）說過：「小時候，我們信任並依靠的父母給的一個溫暖擁抱或一句話，就能讓膝蓋的傷口止血。」事實上，止住的豈只是膝蓋傷口的血，父母的力量連內心的傷口都能治癒。

如果你的父母有將這種力量傳承給你，那麼你是幸運兒。但如果你未曾從父母那裡得到被治癒的經驗，那麼你要先把自己的情感缺口填滿，才能去填滿孩子的。很多時候，解開與孩子之間劍拔弩張的那把鑰匙，就在父母手上。但父母必須先治療自己內心的傷口，才有辦法找到這把鑰匙。唯有先療癒自己，與孩子之間才會有更好的對話。

經常對孩子說出肯定、愛與共鳴、鼓勵、安慰、信任、加油的話，那麼就算孩子偶爾因為父母的嘮叨、斥責、批評而鬧彆扭，親情帳戶的餘額依舊綽綽有餘。假如不小心對孩子說了難聽的話，那麼就要用三倍、五倍或更多的好話，把情感儲存回去，這樣親情帳戶才不會歸零。

讀出孩子的內心

♥

真誠的溝通能讓父母及孩子成長。

♥

如果你從沒在父母身上感受過真誠的溝通經驗，
那麼你需要先給自己這個機會。

♥

自己的情感帳戶要先存滿，
才有辦法去填滿孩子的。

Keyword

32

如何提升孩子的責任感

尊重

重視他人的人格、思想及行動

兒童心理學家海姆・吉納特（Haim G. Ginott）曾經說過，依賴會養成憤怒。在諮商現場，我看過很多個案已經長大成人，情緒上卻無法抽離父母，他們充滿著對父母的埋怨跟憤怒。我們在新聞上也看過，三十幾歲的成年人還跟父母同住，甚至對父母施暴等忘恩負義的故事。

究竟為什麼依賴會培養出憤怒，甚至讓人做出違背天理的事情呢？人們成長的意義、生活的最終目標，就是要成為一個與他人相處時會感到幸福、獨自一人時能感到自由的人。因此，孩子長大後的終極目標，就是要離開父母身邊，徹底展開作為獨立個體的生活。

訓練孩子自主管理時間

西方國家比東方國家更早讓孩子獨立，韓國甚至在進入二十一世紀後，反倒延後了子女獨立的時間點。在二十世紀時，大學生被視為知識分子，受到成年人的待遇。而當今的大學生就只是「學生」而已，連選修課表都需要父母幫忙，沒辦法離開爸媽的懷抱。

分析心理學創始人卡爾・榮格（Carl Jung）認為東西方教養方式的差別，在於東方是內向性，西方則是外向性。從依賴到獨立、他律到自律，一個人在成長的過程中不是只有年紀增加，內在力量也會一同成長。內在力量，就如字面上所顯示的，是從內部發出的力量，賦予人們相信自己可以獨立生活的安全感。如果人生必須受到某人的干預才能運轉，那麼內心勢必會感到惶恐不安。因此，孩子對於一手包辦自己人生的父母，比起感謝，他更會感到憤怒。

能讓孩子成長為一個獨立個體的重要經驗，就是讓他對自己的事情做出選擇並負起責任。如果每天叫孩子起床、幫孩子做功課、管理孩子的時間表，就是在徹底阻礙孩子成為一個有責任感的大人。

對孩子嬌生慣養，就是提高孩子的依賴性，是把孩子養成沒教養又膽小的「捷徑」。如果孩子請你早上叫他起床，在叫過一次後沒起來，你就要有放手的勇氣。即使你心疼孩子去學校可能挨罵，甚至遭受處罰，還是要有勇氣放下。

「不是拜託你要叫我起床嗎！」

「我叫了，是你自己沒有起來。」

「那就要再叫一次啊！」

「我已經叫過了，是你自己沒起床。」

「都是因為媽媽害我被處罰啦！」

「所以我叫你起床的時候就應該起來啊！話要說對，媽媽已經叫過你了，是你自己沒起床才會被罰。」

像這樣把錯推給媽媽的心理如果被正當化，那麼以後媽媽是不是也可以毫不在意地把錯推給孩子？孩子要學到，媽媽叫的時候沒起床，之後的損失是自己要承擔的。自己穿的衣服要自己準備，書包要自己背著走，自己的衣服要自己摺，拿了零用錢之後就算不夠用也不能再要。當然，要實踐這些行動的前提，在於孩子對家庭和父母有深厚的歸屬感及關係，否則孩子會將自己和灰姑娘或白雪公主比擬，甚至懷疑自己是不是父母親生的。

尊重日漸成長的孩子

如果你已經鼓起勇氣，決定將孩子教育成更加自律及獨立的人，你要做的第一件事就是認同孩子是家庭的一員。最具代表性的方式就是召開家庭會議，並且給孩子發言權及表達意見的權利。

「我尊重並準備好接受你的意見，所以你作為家庭的一員，請展現責任感，並且要慎重行事。」

請以這種心態教育孩子成為家庭成員，並且培養孩子的合作精神，讓孩子能跟家人一起享受思考及努力的喜悅。讓孩子當書記官做會議記錄，或是給孩子具體的職責也是很好的方法。如果讓其中一個孩子做記錄，那也要讓其他孩子各有職責，比如擔任會議主持人等等。

接下來，請忍住想要處罰或責備孩子言行的念頭。因為父母的責備容易讓孩子內化成自責，而且這麼做只會讓孩子從責任感中逃脫出來。孩子會認為自己已經為沒盡到的責任接受懲罰了，後續就更有理由逃避責任。只有當我們有選擇的自由時，負責任才成為可能。

有個概念叫做「擴大限制內的自由」，意思是八歲的孩子會比五歲的孩子多出許多用自己意志決定的事，十三歲的孩子又會比八歲的孩子來得多。

逐漸長大的孩子，對自己成長的樣子會感到滿足；有責任感的孩子，在長大成人的過程中能更快適應各種人生環境；有責任感的孩子，更代表著父母給予了相當程度的自由及解放。還有什麼比責任感是父母更渴望孩子擁有的呢？

讀出孩子的內心

為了讓孩子有責任感，父母需要放手的勇氣。

讓孩子作為家庭的一員參與發言，
可以培養孩子與他人的互動與獨立，
並訓練他對自己的選擇負責。

父母給的處罰和責備，容易讓孩子逃避責任。

結語

父母的共感能打開孩子的心

因為創立了「下午四點的諮商室」，我得以接觸到許多個案。大部分的個案雖然父母健在，但在心理狀態上跟沒有父母的孩子沒什麼兩樣。他們從小就獨自摸索並解決問題，有時甚至要扮演父母情緒上的依靠或替身。他們放棄了作為兒女應該受到的保護和照顧，反而背負起照顧父母的責任。

在這種環境下成長的人，長大後總會因為某些沒被解決的問題，導致人際關係的衝突。更因為不知道問題出在哪裡，所以一路上經歷了無數的掙扎與混亂。

匱乏的後遺症

有些個案為了出氣或發洩，跟他人維持著操控的關係。他們持續找尋依賴的對象，然而一旦意見不合，就會把他人的所有行為看成是對自己的攻擊與傷害，嚴重者很可能患有「邊緣性人格障礙」。

這些人往往經歷過匱乏的愛所造成的嚴重副作用。有時他們在諮商以外的時間也會想依賴諮商師，如果被拒絕，就會認為諮商師跟那些傷害他們的人一樣。他們把父母的缺席轉嫁到他人身上，最後導致身邊的人一個接一個離開。這種從小沒有得到父母關愛的例子，真的是多到數不清。

帶給孩子最大影響的人是父母。請想想看，自己是否不太回應孩子的話、輕易做出判斷、忽略孩子想被擁抱的要求、把孩子訓練成完美主義或是過度保護呢？還是你總認為孩子還小而不跟他對話，並且在不理解孩子內心的狀況下，沒給他充分的個人空間或輕易地入侵？說不定，我們正在用父母養育自己的方式，原封不動地養育著我們的孩子。

沉默是殺手

你是否聽過「社會疏離」這句話？對人類而言，疏離是非常嚴重的問題，甚至和死亡沒什麼不同。中世紀時期將犯人趕到村莊外或流放遠方，等於是判了社會上的死刑。諷刺的是，密集連結的現代也是疏離感極大化的時代。因為沒辦法解決疏離感，導致對某些行為上癮的人比比皆是。

「連結」是人類與生俱來的根本欲望。如果沒有溝通的對象，會因為疏離感而抹滅自己。與他人連結、避免疏離感，是人生相當重要的課題。在家庭中也是一樣，請檢查一下，誰是家中最沒有發言權的人？有沒有人總在對話或關係中被疏離，以及不管是否自願總是被忽略的人？如果有的話，請將那個人拉進對話中。連結的欲望跟必要性需要被滿足，才能鮮明地感受到自己是活著的，才能遠離「心理上的死亡」。

麻省理工學院的集體智慧中心認為，成功的企業團隊有兩個核心特徵：成員之間同等的「發言量」，以及對他人情緒的理解。事實上，這兩項特徵並不只適用於企業。所謂「成功」的定義固然會有些許不同，但不論是在家庭、學校、教會、私人聚會等，發言量和社交敏感度都是人際關係中不可或缺的兩個要素。

發言量可以靠具體行為與意識上的努力達到，但社交敏感度就有賴於父母是否理解孩子的內心。孩子成長的過程中，每當想好好表達自己的心情與感情時，是否經常被父母阻擋呢？孩子也跟大人一樣，每天都有訴說的欲望，也有應該說出口的話語量。為了讓孩子回家後能盡情地說出學校的事，請父母們務必延長傾聽的時間。

多與孩子說說話

如果你覺得傾聽有些困難，或者當你感到麻煩的時候，只要把耳朵打開，不時用「是嗎？」、「嗯嗯」等語助詞回應也可以。先滿足孩子想說話的欲望就足夠了。

如果不論怎麼問孩子今天過得如何，都沒有得到回應時，你可以先講講自己的故事。一邊說自己小時候的事，一邊說自己今天過得怎樣，然後再問孩子的意見。以這種方式進行對話，增加孩子說話的量，讓他能意識到自己也是對話的主體。

唯有自己的話先得到共鳴，人們才會真心對別人產生共感。如果孩子能在「父母」這個安全的圍欄中盡情說出想說的話，那麼他在與別人對話時就能不受拘束。如此，孩子才能平和地對他人說出自己的情緒及意見，並且成為能夠敏銳了解他人內心的人。

國家圖書館出版品預行編目資料

家有小學生的心理教養辭典：青春期來臨前，看懂孩子內心的32個關鍵字／曺宇觀著；楊斯涵譯. -- 初版. -- 臺北市：日月文化出版股份有限公司，2024.05
272面；14.7 x 21公分. --（高EQ父母；101）
譯自：초등 심리 사전: 사춘기가 오기 전에 꼭 알아야 할 아이 마음
ISBN 978-626-7405-52-9（平裝）

1. 親職教育 2. 育兒 3. 兒童心理學

528.2 113003375

高EQ父母 101

家有小學生的心理教養辭典

青春期來臨前，看懂孩子內心的32個關鍵字

초등 심리 사전：사춘기가 오기 전에 꼭 알아야 할 아이 마음

作　　者：曺宇觀（조우관）
譯　　者：楊斯涵
主　　編：藍雅萍
校　　對：藍雅萍、張靖荷
封面設計：Ancy Pi
美術設計：尼瑪

發 行 人：洪祺祥
副總經理：洪偉傑
副總編輯：謝美玲
法律顧問：建大法律事務所
財務顧問：高威會計師事務所
出　　版：日月文化出版股份有限公司
製　　作：大好書屋
地　　址：台北市信義路三段151號8樓
電　　話：（02）2708-5509　傳　　真：（02）2708-6157
客服信箱：service@heliopolis.com.tw
網　　址：www. heliopolis.com.tw
郵撥帳號：19716071 日月文化出版股份有限公司

總 經 銷：聯合發行股份有限公司
電　　話：（02）2917-8022　傳　　真：（02）2915-7212
印　　刷：禾耕彩色印刷事業股份有限公司
初　　版：2024年05月
定　　價：360元
I S B N：978-626-7405-52-9